SABIDURÍA
PERENNE

AF275262

SABIDURÍA PERENNE

PABLO D'ORS, JAVIER G. CAMPAYO,
ANNA CAIXACH, NACHO BAÑERAS, HALIL BÁRCENA,
MARDÍA HERRERO Y JORGE RODRÍGUEZ ARIZA

 Siglantana

Para esta edición:
© Editorial Siglantana S. L., 2024

© Pablo D'Ors, © Javier G. Campayo, © Halil Bárcenas, © Anna Caixach,
© Mardía Herrero, © Jorge Rodríguez Ariza, © Nacho Bañeras, 2024

www.siglantana.com

Instagram: @siglantana-editorial
YouTube: www.youtube.com/siglantanalive

ISBN: 978-84-10179-19-6

Depósito legal: B 6202-2024

Impreso por Winihard *Gràfics*, S.L. - Moià (Barcelona)
en papel ecológico certificado por FSC®.

ÍNDICE

LOS SUEÑOS LÚCIDOS Y LA CONTEMPLACIÓN

INTRODUCCIÓN

Qué sencillo me parece parar y contemplar. Volver a ver y a recordar la maravilla que nos rodea y la que somos. Despertar al gozo del alma, sabernos en comunión, caldear nuestras ausencias, acercarnos y respetar el misterio que encarnamos. Hay tantas formas de relatar y describir esta experiencia como caminos, personas o tradiciones. Unas más poéticas, otras corporales, filosóficas, místicas, cotidianas, solidarias, artísticas, ecológicas, en fin, una inmensa y maravillosa riqueza de visiones y versiones que convergen, si se me permite tamaña simplificación, en señalarnos algo que siempre estuvo ahí, que intuíamos, que nos encaja al volverlo a escuchar.

Este gesto, indispensable para nuestro presente, es un cortocircuito para nuestra mente educada en el raciocinio cuantitativo, la acumulación de información, el control, la preocupación y, entre otras, la soberbia de creerse el centro y la referencia. Si bien, creo, el gesto de parar y escuchar es relativamente sencillo no lo es para nada distanciarse de la preeminencia y soberanía de nuestra mente. Identificación, apego, relatos o alarmas son algunas de las estrategias que nuestra forma de pensar pone en juego para mantener su preeminencia, de ahí que en casi todas las tradiciones se entienda que la contemplación es también un acto de liberación. Liberación del denuedo de la mente por mantener su discurso y a sí misma.

De la mano de varios autores, este libro recoge 8 inspiraciones al camino y vida contemplativa. Todas ellas quieren ser inspiraciones que, desde el marco de Occidente, han ido gestándose a lo largo de nuestra historia y de las diversas tradiciones que han ido emergiendo. Volver a ellas es una oportunidad para despertar nuestra alma y dejarnos llevar por la belleza, la bondad, los sueños, las imágenes o las teofanías que nos ofrece el mundo. Cada una de ellas quiere ser, también, una inspiración para este acto de liberación y una modesta contribución a la urgente necesidad de cambiar nuestro enfoque y cosmovisión vital.

Estas 8 inspiraciones son una recogida de las ponencias compartidas dentro de un curso titulado La contemplación en Occidente de la Universidad de Zaragoza coordinado por Javier García Campayo y un servidor. Para nosotros era importante poder ofrecer la rica tradición de voces y figuras de Occidente que, en cuanto a su tradición contemplativa, queda muy a menudo eclipsada por las preciosas tradiciones y vías de Oriente. Sin ningún ánimo de competir, todo lo contrario, nuestra voluntad era y sigue siendo señalar y refrescar aquello que teniendo más cercano también nos puede resonar más familiar.

Decir, por último, que hemos recogido solo 8 miradas y somos conscientes de las ausencias que esta limitación impone. No están la tradición cabalística, la hermética, la neoplatónica, multitud de figuras filosóficas y místicas, etc. Esperamos, en otras ocasiones, poder ir enriqueciendo esta primera aportación.

Ha sido un placer poder coordinar este libro. Doy las gracias a cada uno de los participantes por haber querido contribuir desde su punto de vista y trayectoria personal. Siempre la voz coral es más rica y cálida. También, por supuesto, a Siglantana por el coraje, la pasión y el compromiso por hacerlo posible.

NACHO BAÑERAS

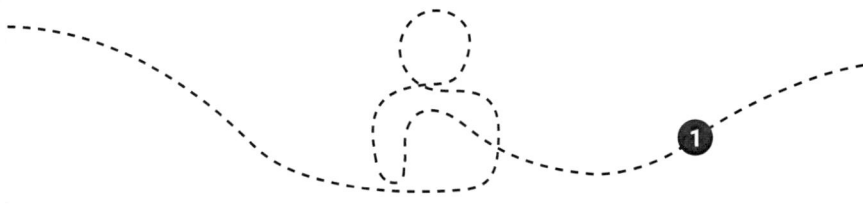

FRANZ JALICS Y LA REDENCIÓN DE LA CONCIENCIA

DE PABLO D'ORS

EPISODIOS TRASCENDENTES DE UNA BIOGRAFÍA

Antes de resumir la aportación teórica de Franz Jalics a la práctica de la meditación silenciosa, creo importante que se tengan en cuenta algunos datos sobre su biografía, de modo que el lector pueda hacerse cargo de la envergadura humana, moral y espiritual de su figura. A este efecto, lo más pertinente me ha parecido dejarle hablar a él mismo, para lo que he seleccionado, de sus *Ejercicios de contemplación*, sin duda su obra más ambiciosa e importante, tres pasajes que transcribo aquí literalmente, obviando solo alguna repetición o detalle insignificante. Son no tengo duda sus tres experiencias fundamentales: la de la madre, que le enseña a perdonar cuando regresan a un Budapest destruido por la guerra; la del bombardeo de Núremberg, momento en que Franz escucha de forma irrefutable la llamada de Dios; y, en fin, la experiencia de la tortura que padeció en los llamados escuadrones de la muerte, trabajando como misionero en Argentina, en la que descubre el trabajo interior de la contemplación, al que luego se consagrará completamente.

17

Antes de dejarle hablar a él, solo una observación más: el estilo de Jalics es antiliterario, en el sentido de que rehúye todo trabajo con las palabras que embellezca o haga más expresivo el mensaje. Esta voluntad comunicativa ajena a cualquier otra intención, otorga a estos testimonios, en mi opinión, una particular, y yo diría que inconfundible, fuerza expresiva.

PRIMERA EXPERIENCIA:
LA VUELTA AL HOGAR Y EL DESCUBRIMIENTO DEL PERDÓN

"Mi padre era hacendado y vivíamos en un hermoso castillo. Fue oficial durante todo el periodo que duró la Primera Guerra Mundial y volvió a vestir el uniforme en la segunda. Mi hermano Jorge y yo cursábamos la escuela militar.

En casa quedaba mi madre con mis cinco hermanas y dos hermanitos más pequeños. Se aproximaban los rusos. Mis padres no querían que mis cinco hermanas cayeran en manos de los soldados rusos y decidieron huir a Occidente. En nuestra aldea, Gyál, en las afueras de Budapest, se libraban intensas batallas con la correspondiente destrucción. Durante semanas enteras, el fuego de artillería hizo blanco en nuestro hogar, dañándolo seriamente. Concluida la guerra, debió pasar todo un año hasta que pudimos regresar.

Primero volvió mi hermano Jorge. La devastación era terrible. Los comunistas habían estatizado el fundo, no dejando más que una pequeña parte para nosotros. Lo que la guerra no había destruido fue objeto de rapiña. Las maquinarias e instalaciones agrícolas habían desaparecido, al igual que los muebles, las hojas de las ventanas, las tejas. Solo quedaban escombros. Mi hermano contó sesenta marcos de puertas; las hojas correspondientes habían desaparecido. Luego descubrimos mucho de esto en el vecindario. La casa había estado abandonada durante varios meses y dio motivo a que muchos pensaran que no volveríamos.

Cuando regresamos del oeste en marzo de 1946, mi padre fue arrestado en la frontera por ser oficial y hacendado. Aunque el tribunal lo absolvió, no fue liberado, sino llevado a la temida sede de la policía política, Andrássy út 60, y envenenado. Al poco tiempo murió.

Después de cruzar la frontera, acompañé a mi abuela, que había estado con nosotros en Occidente, a casa de una tía. Así pues, no estuve presente cuando mi madre entró en su hogar con mis hermanos, que a la sazón ya eran ocho. En el sótano había medio metro de escombros, pero era el único lugar en que podían establecerse, ya que las otras partes de la casa estaban inhabitables. Habían llegado con su mísera carga de ropa, colchones y lo que habían podido salvar en el año en que anduvieron fugitivos. Mi abuela paterna, que desde hacía algunos meses vivía en el sótano, les había preparado la cena. La alegría del rencuentro fue grande, pero era deprimente el estado en que se hallaba la casa paterna. Inspeccionaron todo, devoraron la cena y luego arrojaron los colchones en el suelo para dormir. Entonces mi madre los reunió a todos. La familia entera se arrodilló sobre los colchones y dijo sus oraciones vespertinas. Mi madre los hizo rezar por todos los que habían sufrido o provocado daños en la casa y los alrededores. Fue su primera reacción ante la destrucción. Como dijo luego, no quería que se arraigase odio o rencor en el corazón de mis hermanos. También fue ella la que más tarde nos enseñó a perdonar. No recuerdo haber percibido nunca sentimientos de odio o venganza en nuestra familia. Yo, por mi parte, era más propenso a la ira y al rencor. Dios me envió a esta escuela para aprender a perdonar. El ejemplo de mis padres me marcó profundamente. Aprendí lo que es la reconciliación".

SEGUNDA EXPERIENCIA:
EL BOMBARDEO DE NÚREMBERG Y LA LLAMADA DE DIOS

"Cuando tenía diecisiete años, me encontré en una oportunidad frente a la muerte. Fue a finales de la Segunda Guerra Mundial, en enero o febrero de 1945. Yo era aspirante a oficial húngaro y fui enviado a Alemania para adiestrarme en el uso de carros de combate. Me alojé, junto a unos cincuenta camaradas, en Erlangen, en el actual cuartel de las guerras norteamericanas. Era la época de los grandes bombardeos sobre Núremberg. Por precaución, debíamos salir al aire libre cada vez que sonaba la alarma aérea. Desde allí podíamos contemplar los infernales incendios que ardían por doquier. Después de los bombardeos, la ciudad entera se hallaba en llamas. Los diversos destacamentos de las inmediaciones eran enviados a Núremberg para salvar a las personas y extinguir los incendios.

Un día, después de haber estado contemplando hasta la medianoche el cuadro dantesco que presentaba Núremberg, nos despertaron a las cuatro de la mañana para que lleváramos a cabo las ya mencionadas tareas de salvamento. Debíamos viajar en un tren hasta Núremberg, pero no llegamos más que hasta Fürth. A partir de allí los rieles estaban destruidos, de modo que debimos seguir a pie. En aquel entonces ya no conocía la ciudad, pero aún recuerdo que en nuestro cambio atravesamos la estación central de Núremberg y llegamos al sector por un túnel subterráneo. Aún ardían algunas casas. Por todos lados se veían edificios derruidos, bajo cuyos escombros la gente buscaba a sus seres queridos. También recuerdo a dos personas en trance de retirar un cadáver de las ruinas.

Aún nos encontrábamos en las cercanías de la estación cuando, sin interrumpir la marcha, nuestros oficiales nos comunicaron que habíamos llegado al sector en el que debían comenzar nuestras tareas de salvamento. Eran las nueve y media de la mañana. Todavía estábamos marchando cuando oímos nuevamente las sirenas. Después de unos minutos cayeron las primeras bombas. Nos encontrábamos en medio del distrito que había sido bombardeado la víspera. Nos dimos cuenta, entonces, de que se trataba de la continuación del bombardeo.

Debimos refugiarnos en los sótanos. Ya estábamos a punto de entrar en una vivienda de dos plantas, cuando nos decidimos por otra, de cuatro, que se levantaba en la acera de enfrente. Cuando salimos a la luz del día después del primer bombardeo, en el lugar que ocupaba la vivienda de dos plantas se abría un pozo de cinco metros. Si alguien vivía allí, seguro que habría muerto.

Apenas habíamos empezado a apagar el fuego, cuando sobrevino el segundo bombardeo. A toda prisa volvimos a refugiarnos en el sótano. Nunca antes había vivido algo semejante. Una verdadera lluvia de bombas descargaron sobre las calles. El sótano temblaba. Cuando volvíamos a tener fuerzas para salir, la calle nos resultó irreconocible.

Lo que deseo relatarles es lo que viví en el sótano: oíamos las detonaciones de las bombas y todo el sótano vibraba. Nos pareció que pasaban horas, pese a que no debieron ser más de diez o quince minutos. Al comenzar el Infierno, fui presa de un pánico indescriptible. La muerte estaba al alcance de mi mano. Era joven y no quería morir. Mi impotencia me hacía sentir una ira irrefrenable, puesto que no podía defenderme ni tampoco huir, y no me quedaba otra salida que ver llegar la muerte sin poderlo remediar. Me rebelaba con toda mi fuerza vital contra el hecho de caer en la nada. Se trataba de una lucha impotente y desesperada contra la muerte. De pronto, mientras me debatía entre la ira y el miedo, me inundó un sentimiento de infinita paz. Supe de la presencia de Dios. Sentí que carecía de importancia el hecho de que fuera a morir o no, pues las cosas están bien así como están. Nada verdaderamente importante puede suceder con la muerte.

No se trataba de un pensamiento, sino de una súbita certeza de la que fluía la paz, la seguridad, el sentimiento de hallarse protegido. Si bien exteriormente nada había cambiado, la presencia de Dios se me manifestaba como una certidumbre indubitable. Tan patente se me hizo la existencia de Dios, que me hubiese sido más fácil creer que yo mismo no existía antes que dudar de su presencia. Era una evidencia absoluta. Pero yo tenía diecisiete años y, por ende, no elaboré mayormente esta experiencia. Tampoco me preguntaba si esta presencia era evidente para todos o no.

Al abandonar el sótano noté un cambio en mí. En medio de las ruinas, los escombros y la ceniza, en medio de la apatía, la depresión y el nerviosismo generalizados, me sentía feliz y dispuesto a ayudar. De tal modo que pude participar con todas mis fuerzas y mi amor en las tareas de salvamento.

La experiencia fue muy importante para mí. Al principio recordaba con frecuencia estos momentos, luego más esporádicamente. Pasadas algunas semanas, desaparecieron los sentimientos relacionados con ella. En una palabra, se esfumó la vivencia arrolladora que la acompañaba. Pero quedó ese atisbo, esa nostalgia por lo absoluto, por el Cristo resucitado que todo lo contiene, la conciencia de nuestro verdadero hogar.

Esto cambió mi relación con nuestro mundo perecedero y tuvo una influencia decisiva en mi vida. Me fue concedido enfrentarme cara a cara con la muerte y esto me permitió tomar conciencia de la vanidad de este mundo".

TERCERA EXPERIENCIA:
EL SECUESTRO, LA TORTURA Y LA PRÁCTICA DE LA MEDITACIÓN

"Durante un largo secuestro que viví, hice un importante proceso interior que nos ayudará a comprender cómo se produce la redención por medio de los ejercicios espirituales. Era la época de la guerra civil entre agrupaciones de extrema derecha y extrema izquierda de la sociedad argentina; los estudiantes universitarios estaban muy alborotados por los sucesos del momento. Sentían una fuerte presión por integrarse en la guerrilla. En aquel entonces yo vivía con un compañero a un lado de la villa de emergencia de Bajo Flores, de Buenos Aires. Ambos éramos profesores de teología en dos universidades distintas. Queríamos dar testimonio de que, aunque la miseria existía, era posible hacer algo por los pobres con medios pacíficos. La Iglesia oficial y nuestros superiores nos encomendaron, pues, la misión de ir a vivir entre los pobres. Pero mucha gente que sostenía convicciones políticas de extrema derecha veía con malos ojos nuestra presencia en las villas miseria (chabolas). Interpretaban el hecho de que viviéramos allí como un apoyo a la guerrilla y se propusieron denunciarnos como terroristas. Nosotros sabíamos de dónde soplaba el viento y quién era responsable de estas calumnias. De modo que fui a hablar con la persona en cuestión y le expliqué que estaba jugando con nuestras vidas. El hombre me prometió que haría saber a los militares que no éramos terroristas. Por declaraciones posteriores de un oficial y el testimonio de treinta documentos a los que pude acceder más tarde, pudimos comprobar, sin lugar a dudas, que este hombre no había cumplido su promesa, sino que, por el contrario, había presentado una falsa denuncia ante los militares. Baste esto, por el momento, como marco general de los acontecimientos.

El 23 de mayo de 1976, un domingo por la mañana, trescientos soldados fuertemente armados y patrulleros policiales rodearon nuestra casucha situada al lado de la villa miseria. Después de copar toda la zona, penetraron brutalmente en nuestra vivienda, nos sujetaron las manos a la espalda, nos encapucharon, casi asfixiándonos, y nos secuestraron. Durante cinco días estuve tendido sobre un piso de piedra, prácticamente sin comer, encapuchado y con las manos esposadas a la espalda. Mientras tanto, mi compañero las estaba pasando peor que yo. Le habían administrado drogas, para que así, narcotizado, dijera lo que de otro modo no diría. Más tarde nos enteramos por algunos oficiales de que, contra todo lo esperado, comenzó a hablar de Dios y de Jesucristo. Los militares quedaron muy impresionados. Habían creído que éramos terroristas. Al quinto día nos trasladaron a una vivienda particular. Nos quitaron las capuchas y, en su lugar, nos colocaron vendas sobre los ojos, con lo cual dejamos de sentirnos asfixiados. En vez de sujetarnos las manos a la espalda nos esposaron por delante, lo que significó un alivio al estar acostados.

Ese mismo día se acercó a nosotros un oficial y nos comunicó que éramos inocentes y que él se ocuparía de que pudiésemos volver lo antes posible a nuestra villa miseria. Estas fueron las últimas palabras que escuchamos con relación a nuestro secuestro, que duró cinco meses. Hasta el final de nuestro cautiverio estuvimos esposados. En todo momento tuvimos una pierna sujeta a una pesada bala de cañón. Hasta el momento de la liberación permanecimos con los ojos vendados.

Mucho antes, los dos habíamos comenzado a meditar con la simple repetición del nombre de Jesús. Según pasaban los días, de la mañana a la noche, repetíamos esta sencilla oración.

Cuando al quinto día el oficial nos aseguró que saldríamos en libertad, evidentemente comunicó esta decisión a los ocho suboficiales que nos vigilaban. Uno de ellos nos informó aquella misma noche que las excarcelaciones siempre tenían lugar los sábados. Me alegré, pues era viernes.

Pero pasó el sábado y no nos liberaron. Me puse furioso. La injusticia de verme privado de mi libertad, pese a mi manifiesta inocencia, me provocaba un profundo sentimiento de impotencia e ira. Esta ira estaba dirigida principalmente hacia el hombre que había hecho la falsa denuncia contra nosotros. Después de pasar un día sumergido en esta rabia impotente, me dominó un miedo intenso: `¿Qué sucederá?´. Volvía a tomar forma el fantasma de la ejecución. El miedo, asociado a un estremecimiento interior, duró un día y medio. Luego me invadió la depresión: `¡Todo está perdido!´.

Ni aún hoy me parece exagerado este sentimiento. Cuando después de varios años fueron procesados los comandantes responsables, de las seis mil personas que solo este grupo militar había secuestrado, los únicos testigos supervivientes éramos nosotros dos. Todos habían sido asesinados.

Al cuarto día me invadió una tristeza indescriptible. Debió pasar otro día más hasta que al fin pude llorar. El llanto duró horas enteras. Solo entonces me sentí aliviado y pude tranquilizarme. Lleno de esperanza aguardaba el sábado siguiente, que no estaba muy lejano, pues gran parte de la semana ya había trascurrido inmerso, como estaba, en las reacciones dichas. Como tampoco fuimos liberados en esta ocasión, se repitió el mismo proceso: ira, miedo, depresión, tristeza y llanto. En tres o cuatro días recorría toda la gama de estos sentimientos. Nuevamente se prendía la luz de esperanza aguardando el sábado siguiente. Este proceso interior se reiteraba todas las semanas de la misma manera a lo largo de tres meses y medio. Mientras tanto, seguía repitiendo el nombre de Jesús en mis meditaciones. Pese a mi indignación interior y a los sentimientos agitados que me embargaban, en todo momento me esforzaba por perdonar. También oraba por nuestros perseguidores y por aquellos que eran culpables de nuestro secuestro.

Después de tres meses y medio, los ciclos de este proceso se hicieron más breves, aunque se repitieron día a día hasta la fecha de nuestra liberación: ira, miedo, depresión, tristeza y llanto, con algún día más sosegado de vez en cuando.

Después de mi liberación, mis amigos insistieron en que pasara cierto tiempo en el extranjero, y así pasé más de un año en los Estados Unidos, con la esperanza de retornar pronto a Argentina.

Cuando después de un año mi regreso no se consideró aún aconsejable, me trasladé a Alemania. Comencé a guiar a otros en sus ejercicios espirituales y fui notando cada vez más que en mi interior se había operado un profundo cambio. Había desaparecido por completo esa leve depresión subliminal que yo siempre había padecido, como también cierta agresividad que me era propia. Nunca volví a sentirlas. Los meses de secuestro y prisión y la proximidad de la muerte, unidos a la constante repetición del nombre de Jesús, habían provocado una purificación profunda en mi interior.

No he hecho más que describir muy brevemente el cautiverio de meses que sufrí, con todas las impresiones y experiencias trascendentes que trajo consigo. Pero creo que bastará para ilustrar cómo me fue dada una increíble trasformación en la quietud de la meditación. La quietud puede poner en movimiento muchas cosas en el interior del hombre. Al prestar atención a Jesucristo, nos comunicamos con su poder sanador".

*

Hasta aquí, Jalics. Escalofriante. Seguramente no pueden acompañarse biografías y conciencias si no se han tenido experiencias humanas tan importantes y cargadas de dolor como las que aquí se relatan, cierto, pero tampoco si no se ha vivido esa experiencia de redención capaz de transformar una adversidad, por cruda que sea, en oportunidad para el crecimiento.

FRANZ JALICS: UN MAESTRO Y UN PADRE

"La fuente de la originalidad más profunda es el reconocimiento del propio origen en el engendramiento de otro", escribió hace ya un siglo el sacerdote y matemático Pavel Florenskij. Encabeza esta reflexión sobre Franz Jalics (Budapest, 1927) esta cita porque recoge muy expresivamente mi propia experiencia ante este santo y sabio jesuita, ya casi nonagenario. Sí, de algún modo siento haber sido engendrado en la fe por él, o al menos concebido por segunda vez, puesto que yo ya era creyente y hasta sacerdote desde hacía más de dos décadas, cuando le leí y conocí en persona. Esto significa que veo en Franz Jalics —un hombrecillo de apariencia insignificante, pero con una irradiación como no he conocido otro- no solo la figura del maestro -hoy tan difícil de encontrar—, sino la del padre —quizá aún más difícil—. Para mí es el hombre gracias al cual he descubierto mi propia paternidad espiritual, el pensador que más ha fecundado —junto al monje benedictino Elmar Salmann— mi propio pensamiento, llevándolo a territorios que apenas había atisbado. Es el apóstol y el contemplativo que ha sabido abrirme una senda clara y recta para la oración, que es lo más sagrado de mi vida, y un horizonte amplio y hermoso, para compartirla tan sensata como apasionadamente con mis contemporáneos. Por todo ello escribo estas páginas desde mi más sincero y profundo agradecimiento a su persona y obra, confiando en poder recoger aquí, sencilla y sucintamente, su valiosa y todavía poco conocida aportación a la espiritualidad.

LA PROPUESTA ESPIRITUAL DE JALICS: LA "REDENCIÓN EN LA CONCIENCIA"

La propuesta espiritual de Franz Jalics, en continuidad con la llamada "contemplación para alcanzar Amor" de san Ignacio, podría resumirse con la expresión: "redención en la conciencia". *Redención* es, ciertamente, una palabra propia del mundo teológico. Junto a *Creación, Encarnación* y *Trinidad*, sintetiza —probablemente como ninguna otra— la esencia del proyecto cristiano. *Conciencia*, por contrapartida, es un término que pertenece claramente al contexto psicológico. Pues bien, esta intuición, la del paralelismo de la relación con los otros, con Dios y con uno mismo, y este cruce, el de la psicología con la teología, es el ámbito en el que los *Ejercicios de Contemplación* (Sígueme, Salamanca, 2010, 2ª. edición), su principal obra, debe inscribirse. En este manual, de carácter eminentemente práctico, aunque con reflexiones teológicas y apuntes biográficos (así como con un buen número de diálogos que recogen su experiencia como acompañante espiritual), Jalics aborda clara y sistemáticamente hasta qué punto puede la oración contemplativa o meditación en silencio y quietud constituirse en una auténtica terapia del espíritu humano, esto es, en el modo para sanar, de forma definitiva y radical, nuestras sombras o heridas del alma.

TODA PERSONA ES UN SER DE LUZ Y DE SOMBRAS

Al núcleo sano de la luz, que es nuestra identidad más profunda y que él, utilizando la metáfora del libro del Génesis, llama "jardín del Edén interior", no accedemos sin atravesar —verbo importante— nuestro "estrato oscuro", también en su terminología, y que estaría constituido por ese depósito del inconsciente que, pese a nuestra ignorancia, determina nuestros actos y se manifiesta, fundamentalmente, en forma de sentimientos de insatisfacción, inseguridad e inferioridad, así como en celos y culpa… Ahora bien, este estrato oscuro suele permanecer inaccesible por estar habitualmente recubierto por una suerte de "envoltura", que son los mecanismos de defensa (la diversión o huida de nosotros mismos), mediante los que vivimos en la superficie. La meditación o silenciamiento interior es, según Jalics, un proceso espiritual que primeramente desenmascara la envoltura, lo que suele manifestarse en forma de molestias corporales y distracciones mentales; secundariamente atraviesa las sombras —y es aquí donde entra en juego la redención propiamente dicha—; y llega, en fin, al núcleo sano, que nos otorga nuestra identidad más profunda y que se identifica con la experiencia mística.

CADA MEDITADOR VIVE EN SU CONCIENCIA LO QUE JESÚS VIVIÓ HISTÓRICAMENTE

Explicitemos en lo posible este proceso. Cada meditador está llamado a vivir en su conciencia lo que Jesús, el Cristo, vivió humanamente en su existencia histórica. Él se encarnó, esto es, se metió a fondo en la realidad; padeció, es decir, abrazó su cruz, símbolo del sufrimiento humano; y, en fin, la redimió, lo que significa que la cambió de signo, posibilitando que lo que antes era negatividad —el pecado del mundo— fuera ocasión para la positividad -la gracia de la resurrección—. De forma análoga, el meditador, cuando se sienta en silencio y quietud, lo primero que hace es encarnarse en su realidad, puesto que la sentada, al propiciar el encuentro con el propio cuerpo y la propia mente, nos ofrece una imagen bastante ajustada de lo que somos. El meditador, en segundo lugar, abraza las propias sombras, que no son sino el ego herido: todo eso que va emergiendo del inconsciente precisamente para ser sanado. Al padecerlo contemplándolo amorosamente —que eso es la redención—, es decir, sin rechazarlo ni travestirlo, el meditador lo sana definitivamente. Jalics asegura que lo padecido en contemplación y amor es redimido y no vuelve nunca más. Y asegura que, así como el pecado personal, consciente y libre por definición, puede absolverse mediante la confesión sacramental, el pecado original, en cambio, esa tiniebla estructural con la que los católicos hacemos referencia al egocentrismo y a la dualidad, solo puede sanarse por este medio contemplativo.

EL COMPORTAMIENTO PRECONTEMPLATIVO Y EL CONTEMPLATIVO

Todo esto no significa, como es natural, que el ser humano no pueda esforzarse mediante la reflexión, la voluntad o la acción, formas mediante las cuales pretendemos cambiar el mundo y cambiarnos a nosotros. Pero las respuestas activas, reflexivas o voluntariosas son las propias de lo que Jalics llama el comportamiento precontemplativo, cuyo campo de influencia es de la envoltura hacia afuera, por seguir con su terminología, quedando para la contemplación propiamente dicha de la envoltura para dentro, donde el protagonismo corresponde a Dios y donde el ser humano se limita a amar y sufrir, confiando —por fe— que lo demás se le dará por añadidura. Es así como los meditadores, en nuestra práctica, atravesamos la gran zona oscura de la humanidad, condensada en nuestra conciencia, cómo cargamos con la cruz y cómo nos erigimos en corredentores, llevando a cumplimiento la Obra iniciada por Jesucristo. Así las cosas, contemplar es, en esencia, redimir. Quien así lo haga, cumplirá con su destino; quien no redima en este mundo, por contrapartida, tendrá que hacerlo en el más allá, en lo que en la doctrina católica se conoce como el Purgatorio. La cuestión es que todos podemos —irradiando amor— ayudarnos unos a otros en este proceso de redención. Es así como la gracia se traduce en caridad y la sabiduría en compasión.

UN MÉTODO EN TRES ANCLAJES

Hasta aquí, el grueso de la propuesta de teoterapia de Franz Jalics, quien de alguna manera actualiza el legado de la espiritualidad bíblica del desierto, prolongado por los llamados padres y madres del desierto y por la corriente del hesicasmo. Esta tesis teológico-terapéutica, que Jalics testimonia haber vivido en primera persona y que ilustra en su libro con enjundiosos, aunque muy sobrios, episodios biográficos, se explicita en un método que se desglosa en tres anclajes (la respiración, las manos y el mantra); en una cierta disposición anímica, que nuestro autor explicita en tres actitudes (la percepción de la naturaleza, la aceptación del vacío y la disponibilidad al sufrimiento); y, en fin, en unas consecuencias o "provechos", por decirlo al modo ignaciano, que resume en tres frutos (el regalo del perdón, el de la unidad y el de la plenitud de lo cotidiano). Diré una palabra, necesariamente parca, sobre cada una de estas tríadas.

LA ATENCIÓN A LA RESPIRACIÓN Y A LAS MANOS

Por lo que se refiere al método, el anclaje corporal consiste para él en la atención a la respiración y a las manos. El cuerpo es para Jalics una experiencia del alma o, dicho de otro modo, no hay acceso a la interioridad sin corporeidad. Esta es, desde luego, la base de las espiritualidades asiáticas, que Jalics retoma y replantea, aconsejando, además de mantener la espalda erguida, recorrer perceptivamente, sin influir en ellas, las vías respiratorias. Esta atención a la respiración es común a todas las tradiciones meditativas; la singularidad de Jalics está en su invitación a poner la atención, de igual modo y en lo posible al mismo tiempo, en el centro de la palma las manos, lo que favorecerá el recogimiento. El llamamiento a inspirar y espirar al interior de las manos el mantra "Cristo-Jesús", que Jalics fundamenta con datos antropológicos, cristológicos y sacramentales, recordando la precisión que había a este respecto en las rúbricas preconciliares, recupera para la meditación una gestualidad que, evidentemente, apunta a la unificación y que hermana a los cristianos con otras tradiciones religiosas. En esta postura orante las manos son algo así como la puerta de acceso al corazón, el segundo ritmo biológico, junto al de la respiración, al que conviene estar atentos para estar en la vida, único ámbito desde el que podemos encontrarnos con el misterio de Dios. En resumidas cuentas —y esto recapitularía su método—, la atención amorosa al ritmo cardio-respiratorio, reforzada con la recitación del nombre Cristo Jesús —sin el cual la meditación podría perder un anclaje que la protege de un mero estar ahí, plácido pero negligente—, propicia un peregrinaje a nuestro centro o templo interior, donde habita el Huésped del alma, nuestra Patria definitiva.

DISPOSICIÓN ANÍMICA

La percepción de la Naturaleza

Vayamos ahora con las disposiciones anímicas. La mejor preparación para la meditación es para el maestro húngaro la percepción (que no la simple observación, lo que ya supondría curiosidad, no mera receptividad desinteresada) de la Naturaleza, que es para todos y en cualquier época y lugar el primer espejo de Dios: viendo la Creación atisbamos, al menos ocasionalmente, algo de su Creador. Esta disposición receptiva que supone la superación de la presión de rendimiento — típica de la vida social—, implica pasar del pensamiento necesariamente discursivo y mental a la percepción intuitiva y sensorial. La percepción, sentencia Jalics, es la puerta de la contemplación, además de una forma de descanso, recuperación y regeneración de nuestras fuerzas. Y es, según se especifica en la revelación cristiana, aquello que haremos en la vida eterna.

La aceptación del vacío

Por lo que se refiere a la aceptación del vacío, baste decir que eso es lo que en primera instancia busca todo meditador: no llenarse de nuevas ideas, emociones o imágenes, sino precisamente vaciarse de ellas. No la riqueza intelectual o emocional propias de la vida activa, sino ese vaciamiento o receptividad que los cristianos llamamos pureza de corazón o pobreza espiritual. En este planeta, ámbito de nuestro peregrinaje terrenal a nuestro hogar definitivo, la principal dificultad es la de querer hacer compatible a Dios con el mundo o, dicho de otro modo, la de querer meter a Dios en nuestra vida en vez de introducirnos nosotros en la Suya. Frente a esta arraigada y comprensible —aunque nefasta— tendencia, la única solución posible parece ser la de acoger los vacíos que toda existencia brinda recurrentemente y hacia los que Dios, amorosa y gradualmente, conduce a todo ser humano. Y no ya solo acoger esos vacíos inevitables —y de esta acogida dependerá nuestra felicidad o nuestra desdicha—, sino posibilitarlos o crearlos, hacerlos consciente y voluntariamente. Cada elección humana es, de hecho, un vacío o una renuncia, como verificamos cuando nos casamos, por ejemplo, o cuando tenemos hijos, nos jubilamos o asistimos a la muerte del cónyuge o de un ser amado. Vaciarse de buen grado ante los otros en la escucha interpersonal (lo que supone acoger lo que el otro dice sin cargarlo intelectual ni emocionalmente) o a solas, en la meditación silenciosa, es para el cristiano una promesa de plenitud, según se proclama elocuentemente en las bienaventuranzas.

La disposición al sufrimiento

La disposición al sufrimiento, en fin, única condición que Jesús de Nazaret exige para su seguimiento ("Quien quiera ser discípulo mío que tome su cruz...": Mt 16,24) es lo que nos permite sortear la reacción de la venganza o la del rencor, espontáneas cuando el dolor o la adversidad aparecen, y trabajar por la reconciliación, lo que supone la transformación de lo negativo en positivo por amor.

LOS VERDADEROS TESOROS DE LA MEDITACIÓN

En resumen: la percepción de la naturaleza saca al hombre de sí; este primer éxtasis vital, en realidad al alcance de cualquiera, nos va haciendo descubrir el vacío radical que nos constituye, que es tanto como decir la receptividad estructural con la que hemos sido creados; este vacío, que es la cepa de la verdadera fertilidad o fecundidad humanas, produce en primera instancia miedo y hasta dolor, por lo que solo puede ser provechosamente vivido si quien lo protagoniza se dispone activamente a sufrirlo con y por amor. Esta disposición al sufrimiento es la puerta que nos descubre los verdaderos tesoros de la meditación: la reconciliación, la unificación, la compasión y la plenitud.

Los frutos de este proceso psicológico y espiritual

Es precisa también una palabra sobre los frutos que este proceso psicológico y espiritual puede comportar. El primero es la reconciliación a la que acabamos de apuntar, algo que ciertamente no puede lograrse sin un riguroso y pautado trabajo sobre el perdón. Convencido de que el gran obstáculo para llegar a Dios es no saber perdonar, Jalics, siguiendo a Freud, del que al abordar estos asuntos ya no es posible prescindir, abunda en la idea de hasta qué punto son las heridas que nos provocan nuestros padres la causa fundamental de cualquier desavenencia humana. De algún modo, nos recuerda el maestro Jalics, proyectamos en los otros los conflictos no resueltos con nuestros padres; de alguna forma —nos advierte— somos nosotros quienes debemos curarlas, no ellos. Pero también afirma que el dolor más grande es no poder amar a quien nos ofende y que —y esto resulta sobrecogedor— todos recibimos los padres que necesitamos para ir a Él. Su metodología, para este noble propósito, consta de tres fases. Una: tener el propósito de perdonar, lo que no debe tenerse en poco. Dos: contemplar el rencor sufrido, no reprimirlo. Y tres: volver sin vacilaciones al presente, de donde mana la fuerza sanadora. Este primer fruto de la reconciliación nos introduce en el segundo: la experiencia de la unidad con nosotros mismos y con los otros y, por ello, con la naturaleza y con Dios. Pero esta transformación de nuestra característica disgregación y fractura a la unidad es, ciertamente, un don, y un don que se otorga en su Nombre, que siempre es un fin, pues conduce a la Persona a que se refiere, no un mero medio. A esto apuntan precisamente los dos teólogos más importantes del Nuevo Testamento: san Juan, que afirma en su evangelio (13-17) "que todos sean uno", y san Pablo, quien confiesa en un glorioso arrebato, "es Cristo que vive en mí" (Gál 2, 20). Desde esta unificación —como la de la vid con los sarmientos—, el retorno a la vida cotidiana tras el momento de oración es una auténtica fiesta: el escenario en el que Dios Padre se manifiesta en el Espíritu por Jesucristo y al que el hombre, por fin a la altura de sí mismo, está invitado de pleno derecho, en calidad de hijo.

La referencia a uno mismo o a Dios

Para concluir diré que gracias a la meditación abandonamos, según Jalics, esa permanente referencia a uno mismo que tanto caracteriza al ser humano y que se manifiesta —como todos sabemos bien— en toda clase de sentimientos negativos y pensamientos oscuros, así como en fantasías ilusorias, deseos desbocados y preocupaciones obsesivas. Trascendido el ego, recuperamos la referencia a Dios, propia de nuestro estado original creado. Dicho de otra manera: las tres tentaciones básicas del ser humano —el tener, el poder y el aparentar—, los sucedáneos del ser, quedan superadas. Frente a la tentación del tener, despunta la actitud del compartir (la entrega); frente a la del poder, el servir (el servicio); y frente al aparecer, en fin, el alabar (la adoración). Esta triple victoria se posibilita mediante la consagración al Dios de la Vida no ya con palabras y acciones mediante las que la persona tiende a autoafirmarse, sino mediante el ser, que presupone la humildad estructural y la verdadera alegría. Esta forma de adoración o alabanza es, en última instancia, la meta de toda vida humana.

Para pensar y dialogar

- ¿De quién podrías decir que te ha engendrado espiritualmente? ¿A quién debes tu fe o confianza en la vida, la fecundidad de tu pensamiento y el horizonte de tu biografía?
- ¿Cómo definirías la palabra "redención"? ¿Y el término "conciencia"? ¿Es para ti la meditación una suerte de terapia sanadora?

- ¿Cuáles son las principales luces y sombras que ves en ti? ¿Cuánto crees que te falta para llegar a tu jardín del Edén interior, es decir, a tu identidad más profunda? ¿Experimentas, al menos ocasionalmente, sentimientos de insatisfacción, inseguridad e inferioridad a los que no encuentras una explicación cabal? ¿Cuánta diversión o huida de ti mismo hay todavía en tu vida?

- ¿Sientes que la oración contemplativa te ayuda a encontrarte, de hecho, con tu cuerpo y con tu mente? ¿Has hecho la experiencia, al menos en alguna medida, de contemplar amorosamente tus sombras y, aunque sea en parte, redimirlas? ¿Ves cómo algunas adversidades de tu vida se han convertido en auténticas oportunidades de crecimiento?

- Lo más probable es que en tu vida prime el pensamiento y la acción, pero ¿vas dejando tiempos y espacios, cada vez más significativos, a la pasión y a la contemplación? ¿Te parece que sufrir con amor es una forma de contribuir a la construcción de la verdadera humanidad? ¿Sientes una llamada a la corredención del mundo o solo a la felicidad personal? ¿Qué lugar ocupa el prójimo en tu día a día?

- ¿Qué es el desierto para ti? ¿Cuál es tu método para meditar? ¿Qué haces en concreto para silenciarte por dentro? ¿Cuáles son, a tu juicio, las principales actitudes para emprender la aventura espiritual? ¿Has obtenido ya algún fruto de tu entrega —mucha o poca— al silencio y a la oración?

- No hay acceso a la interioridad sin corporeidad, ¿estás de acuerdo? ¿Por qué crees que respirar conscientemente es tan importante para la meditación? Unir las manos a la altura del pecho, ¿te ayuda a recogerte? ¿Te parece importante que exista afinidad entre el cristianismo y otras tradiciones religiosas a la hora de la práctica meditativa? Toda afirmación de Dios que no parta de la vida es ideológica, ¿lo suscribes? ¿Qué sabes realmente de tu centro o templo interior?

- ¿Eres capaz, al menos puntualmente, de estar ahí, sin hacer nada en particular? ¿Hasta qué punto eres víctima de la presión por rendir que se nos ha inoculado en nuestra educación occidental? La percepción de la naturaleza, ¿te ha llevado en alguna ocasión al pensamiento o al vislumbre del misterio del Creador? ¿Estás habituado a descansar y recuperar tus fuerzas?

- ¿Eres consciente de que meditar es caminar hacia el vaciamiento de ideas y emociones y, en este sentido, hacia la pobreza estructural? ¿Buscas aún compatibilizar a Dios con el mundo o has comprendido ya que solo el desapego de los bienes mundanos te aporta su verdadero disfrute? ¿Cómo integras los vacíos que el paso del tiempo te va brindando (los achaques de los años, el alejamiento de los hijos, la pérdida del protagonismo social, la ausencia del ser amado…)? ¿Practicas la escucha, olvidándote de ti? "Bienaventurados los pobres de espíritu porque de ellos es el reino de los cielos", ¿cómo explicarías hoy esto?

- Para cumplir la voluntad de Dios sobre mí estoy dispuesto a sufrir cuanto haga falta, ¿serías capaz de decir algo así? El mal que padeces, ¿tiendes a devolverlo —y eso es la venganza—, a guardártelo —y eso es el rencor— o a trabajarlo espiritualmente —y eso es la reconciliación—? ¿Sabes cómo trabajar interiormente tus heridas del alma?

- ¿Sientes que tu vida está siendo verdaderamente fértil o fecunda para otros? Sufrir con amor, eso es el sacrificio. ¿Te suena esto a masoquismo o crees que encierra alguna verdad interesante para ti? ¿Te sientes unificado, compasivo, pleno?

- "El gran obstáculo para llegar a Dios es no saber perdonar", ¿también tú lo ves así? "Proyectamos en los otros los conflictos no resueltos con nuestros padres"; pon algún ejemplo si es que compartes esta afirmación. "Todos recibimos los padres que necesitamos para ir a Él", ¿en qué sentido se verifica esto en ti? ¿Algo que decir sobre la contemplación amorosa de tu propio rencor? "Es Cristo que vive en mí", afirma san Pablo. ¿Deseas para ti algo semejante? ¿Sientes que la vida es una fiesta? ¿Te experimentas como un invitado de pleno derecho a la vida o más bien como uno de segunda categoría?

- El referente fundamental de tu vida, ¿eres tú o Él? Fantasías ilusorias, deseos desbocados y preocupaciones obsesivas, ¿cuánto de esto coloniza todavía tu mente? ¿Qué sigues queriendo aparentar, qué buscas afanosamente tener, sobre qué o quién pretendes aún ejercer tu dominio? La entrega, el servicio y la adoración, ¿son para ti bienes deseables? ¿Cuánta autoafirmación hay aún en tus palabras y acciones? ¿Sientes que ha sonado para ti la hora de la simplicidad y de la alegría del ser?

ANEXO I: EL ENGENDRAMIENTO EN LA FE[1]

A la vida del Espíritu no accedemos solos, sino engendrados por otros. Para saber quiénes somos como creyentes, basta saber quiénes son o han sido nuestros maestros en la fe. Sin maestros —no me cansaré de repetirlo— no podemos ser discípulos; y sin un discipulado, que es tanto como decir sin una disciplina, no hay posibilidad de un camino interior. Claro que siempre hay quien asegura que el verdadero maestro es interior, pero suelen olvidar que todo maestro interior es siempre convocado por un maestro exterior.

Para mí es un honor y una alegría poder decir que Franz Jalics, el jesuita autor del libro que hoy nos convoca aquí, es mi maestro de meditación. No le debo en sentido estricto la fe, pero sí la contemplación, que para mí es tanto como la práctica de la fe. Y le debo lo que he dado en llamar mi segunda conversión, cuyos efectos están siendo al menos tan rotundos y visibles como los de la primera, que advino hace unos treinta años, cuando yo era un joven universitario que discernía su vocación.

Todo esto pone de manifiesto que no puedo hablar de Franz Jalics sin hablar de mí. Pero es que si he visto lo divino escondido en una biografía humana, esa es la de Jalics, a quien, sin embargo, no tengo en absoluto mitificado.

*

Conocí a Jalics a finales de noviembre del 2013, en Haus Gries, la casa donde imparte sus retiros espirituales en Alemania, junto a unos cuantos colaboradores. Me topé con él en un pasillo oscuro y apenas pude distinguirlo. Llevaba una chaqueta azul de lana gruesa y calzaba unas viejas zapatillas. Era un hombre flaco, de pelo muy blanco y abundante, de rostro demacrado y de dulce sonrisa. Nos estrechamos las manos y él me tocó el brazo en señal de afecto, pues sabía que había viajado desde Madrid para conocerle.

–Mañana hablaremos –me dijo.

Eso fue todo. Debo decir que me sentí un poco desilusionado. ¿Para ver a este hombrecillo he hecho tres mil kilómetros?, me pregunté. Y me retiré a la habitacioncita que me habían asignado. Fuera estaba todo nevado. Bajé las persianas. Tras desnudarme y cubrirme con el edredón, me sentí inexplicablemente feliz. La jornada había sido particularmente estresante por los muchos medios de locomoción –avión, metro, tren, taxi— que había tenido que tomar para llegar hasta ahí. Pero me dormí en el acto.

*

Jalics me citó al día siguiente en su dormitorio despacho. Entré a la hora convenida. Me indicó una silla. Tomé asiento frente a él; Tenía las rodillas muy juntas y las manos apoyadas suavemente en el regazo. Vestía la misma chaqueta azul y las mismas zapatillas de estar por casa que la noche anterior. Reparé entonces mejor en sus facciones: su mirada, sobre todo, límpida como no he visto otra; su gran frente despejada; su permanente y benévola sonrisa.

Reparé también en el cuarto en que Jalics vivía: su escritorio, con un ordenador portátil encendido, una estantería, una cama muy sencilla, que seguramente había hecho él mismo pocos minutos antes de recibirme, y las dos sillas que ocupábamos, una frente a la otra.

Le conté sucintamente el triple motivo de mi visita: conocerle a él; conocer y practicar su método de oración, y, en fin, confrontar con él algunas perplejidades de mi propio camino interior. Me sorprendió que todo lo que había venido a decirle, que era mucho, fuera yo capaz de resumírselo en dos o tres minutos. Tardé unos días en comprender por qué: el silencio en el que vivía Jalics me silenciaba a mí. Nunca he estado frente a nadie ante el que me sobraran tanto las palabras. Para mi sorpresa —Jalics siempre me sorprendió mucho—, aquella primera conversación formal —llamémosla así— fue también muy breve, en ningún caso duraría más de unos diez minutos.

–Mañana volveremos a hablar –me dijo él a modo de despedida tras los tres minutos en que había expuesto la razón de mi viaje y los otros cuatro o cinco en que intenté desglosar un poco mis intenciones; por su parte, Jalics no me había dicho nada salvo esta promesa de un nuevo encuentro al día siguiente.

Ni decir tiene que volví a retirarme a mi cuartito con la misma desilusión que la noche anterior. ¡Menudo hombrecillo!, pensé; pero esa tarde, mientras paseaba por el jardín de Haus Gries con mis botas impermeables y pocas horas antes de que empezase el retiro de contemplación al que me había inscrito, volví a sentirme inexplicablemente feliz. Por supuesto que albergaba mis temores por los diez días de silencio y quietud a los que me había comprometido, rodeado de personas desconocidas; y por supuesto que aún no había entendido que haber hecho tres mil kilómetros para ver a ese hombre era una de las condiciones de posibilidad para que, de hecho, fuera luego tan decisivo para mí. Pero hacía frío y volví a refugiarme en el interior. Recuerdo que me bebí un zumo de manzana. Y recuerdo también que el suelo crujía a cada paso, delatando el menor de los movimientos de los ejercitantes, que habían empezado a llegar a la casa.

*

Franz Jalics me recibió cada uno de los diez días que pasé en aquella casa, haciendo aquel largo retiro en el que durante mis meditaciones tuve menos distracciones que nunca. No tuve grandes emociones en ningún momento. Ni grandes sentimientos. No tuve que luchar con ninguna sombra, ni soportar particulares dolores de espalda o de rodillas, como en otras ocasiones. Me limité a sentarme y a estar sereno, dentro de la serenidad que cabe en un hombre como yo, de talante más bien fantasioso y reflexivo.

Conversé con Jalics de todo lo que me había propuesto y él respondió a todo lo que le pregunté menos a su relación con Jorge María Bergoglio, sobre quien no quiso hablar ni una palabra, advirtiéndome que todo lo que tenía que decir al respecto ya lo había declarado meses atrás a la prensa, con ocasión del nombramiento del nuevo pontífice. Jalics me concedió media hora en ocasiones, una hora entera un par de veces, y casi dos otras tardes… Y mientras más conversábamos, más me percataba yo del secreto de aquel hombre: su silencio, un silencio que posibilitaba la comunión entre nosotros dos, un silencio que insinuaba, discreta y elegantemente, el misterio de la vida y el del hombre y, por ello, también el misterio de Dios.

*

Tras cada una de nuestras conversaciones, yo volvía a mi cuartito y tomaba nota en una libreta de todo lo que Jalics me había dicho. Luego regresaba a la sala de mediación y procuraba no pensar en ello. Me propuse no releer nada hasta después de aquellos ejercicios. Y lo hice a la vuelta, ya en Madrid, conforme había proyectado. Mi sorpresa —una vez más la sorpresa, sí— fue mayúscula cuando descubrí que todo lo que me había dicho Jalics no era después de todo tan especial. Todo eso, o muy parecido, podría haberlo dicho yo mismo a cualquiera de las personas a las que acompaño espiritualmente. Dicho con mayor claridad: las palabras de Jalics, sin su presencia, perdían buena parte de su fulgor. Lo grande de aquel hombrecillo no era lo que decía, sino lo que era, lo que irradiaba, el ámbito de autenticidad y de verdad en el que te invitaba a entrar cuando estabas ante él.

Gracias a Jalics he comprendido que hay personas sanadoras, verdaderos maestros que sin apenas necesidad de decir o de hacer nada, sin la mediación de los gestos o de las palabras, por tanto, son capaces de sanar con su mera presencia. Puedo decir sin pudor alguno que me enamoré de aquel hombre. Pero no era un enamoramiento apasionado y turbador —como el que en su día había experimentado con alguna mujer, que me robó el corazón—, sino un enamoramiento —cómo decirlo— sereno, benéfico y amable.

*

Me tomé una foto junto a Jalics el día de mi partida de Haus Gries y, sin realmente decidirlo, me encontré con que había puesto ese retrato de mi maestro como salvapantallas de mi teléfono móvil. Ahora, un año y medio después de esto que acabo de relatar aquí, puedo confesar que veo el rostro de Jalics cada vez que utilizo el teléfono móvil, es decir, muchas veces al día. Y puedo afirmar también que ese rostro —como el de Charles de Foucauld algunos años antes— me ha hecho y me sigue haciendo un bien incalculable. Nos hace bien mirar el rostro de Dios encarnado en el rostro de un hombre. Ese rostro, el de un anciano religioso húngaro, despertó todo lo bueno que hay en mí. Ese rostro me está conduciendo, día a día, a mi propio rostro.

Ignoro el tiempo que me queda de vida, quizá treinta años o quizá un día; pero sé que quisiera morirme con el rostro que Dios ha querido que yo tuviera. No sabemos quiénes somos, quiénes podemos ser, hasta que no nos miramos en el rostro de alguien que ya es quien está llamado a ser. Este libro que presentamos hoy es un humilde homenaje a lo que ese rostro me ha regalado. Confío que algo de este regalo os llegue también a vosotros. Muchas gracias.

ANEXO II: FRANZ JALICS, MI MAESTRO[2]

Un día de diciembre de 2012, un desconocido entró en mi despacho del hospital Ramón y Cajal, donde entonces trabajaba como capellán, para felicitarme por mi ensayo *Biografía del silencio* y para regalarme un libro titulado *Ejercicios de contemplación*. A su autor, Franz Jalics, yo no lo conocía.

–Creo que le gustará –me dijo aquel señor, brindándome una amplia sonrisa.

Comencé subrayando las palabras o párrafos que más me impactaban para, de ahí, transcribir en los márgenes del libro las frases más sugerentes y luminosas. Conforme avanzaba en la lectura, el entusiasmo fue tal que terminé por estrenar un cuaderno donde fui transcribiendo —cual fiel copista— las ideas más importantes y originales de aquel texto. Había encontrado a un verdadero autor o, lo que para mí es lo mismo, había encontrado un amigo. No es fácil encontrar un autor que realmente nos alimente, puedo atestiguarlo. Encontrar a Jalics fue para mí, casi desde el primer momento, todo un acontecimiento. ¡Necesitamos tanto de amigos así!

De aquellos Ejercicios me asombraron muchísimas cosas, pero aquí subrayaría la idea de la meditación como camino de purificación de las propias sombras, algo que apuntaba al trabajo espiritual como vía para la reconciliación con uno mismo. También me impresionó el íntimo vínculo que Jalics establecía entre el amor a Dios, a nosotros mismos y a nuestros semejantes, llegando a afirmar que se trata del mismo y único amor.

Antes de terminar de leerlo, comprendí que deseaba conocer al hombre que lo había escrito. Indagué y di con él. Franz Jalics, que en aquel tiempo contaba ochenta y seis años, vivía en un pueblo perdido en el sur de Alemania, Gries, entre Múnich y Núremberg. Residía en una casa de espiritualidad fundada por él mismo y era allí donde impartía jornadas de retiro y ejercicios contemplativos. Le escribí un correo, me contestó. Le solicité ser recibido, accedió. Me matriculé en uno de sus cursos, fui aceptado. En noviembre de 2013 le conocí en persona. Nadie me ha producido nunca una conmoción tan profunda.

Desde que le tuve frente a mí comprendí que me encontraba ante un gran maestro espiritual, posiblemente frente a un santo. Es difícil de explicar. Aquel hombre irradiaba –ese es el verbo— una gran fuerza y una gran bondad. Su mera presencia suscitaba en mí un doble y paradójico movimiento. Por una parte, me rebajaba, haciéndome comprender que mi altura ética o, cómo decirlo, mi nivel de humanidad era ínfimo en comparación con el suyo; por la otra, su presencia de ojos claros y benévolos me ascendía, pues me invitaba a crecer y a subir al nivel en que realmente me corresponde vivir.

Durante los doce días que pasé en aquella casa, a razón de unas cinco horas de meditación silenciosa diarias, Jalics me brindó un trato muy especial: me recibió a diario; respondió a todas mis preguntas, tanto sobre su método de oración como sobre su biografía, por la que yo sentía un vivo interés; iluminó mi propia trayectoria de sacerdote y escritor. Iluminar es también aquí el verbo más adecuado.

A la vuelta a Madrid, revisando las notas que había tomado de mis conversaciones con él, descubrí que el contenido de sus respuestas era después de todo bastante simple. Esto me hizo comprender algo capital: que Jalics no aportaba soluciones a los problemas que yo le presentaba, pero que bastaba que pusiera esos problemas ante él para que, quién sabe cómo, se disolvieran. Con "disolver" quiero decir que esos problemas que tanto me afligían se revelaban insignificantes ante él. Más que eso: que, en último término, cargar con ellos me hacía bien. Jalics no eliminaba mis oscuridades; me mostraba cómo atravesarlas para acceder al núcleo de luz que se escondía tras ellas. Esto me hizo comprender el camino espiritual como nunca lo había entendido hasta entonces. Entendí, por fin, que todo, a fin de cuentas, es para bien.

–Querido Pablo, no me hagas demasiada propaganda —me pidió en uno de nuestros últimos encuentros—. Yo soy ya muy viejo y me siento cansado –me dijo también, y me brindó una de sus dulces e inolvidables sonrisas.

Se lo prometí, pero no he podido cumplir mi promesa. Mi vida es hoy, en buena medida, un testimonio de la potencia de su obra y figura. Confío en que Jalics, mi maestro, ya casi nonagenario, disculpe mi desobediencia. Y confío sobre todo en que su comprensión de la meditación, como redención de la conciencia, llegue al corazón de todos los buscadores del espíritu.

ANEXO III: JALICS CONTADO POR ÉL MISMO

A continuación, ofrezco mi testimonio personal, en el que intento describir el camino de la contemplación de la manera más explícita posible. Por un lado, deseo transmitir una impresión concreta de la experiencia de la contemplación y por otro, situarla en el contexto de la vida cristiana.

1. Siempre fui cristiano, aunque mi vida no transcurrió como la Iglesia la concibe. Me sentía en casa en este mundo. No prestaba mayor atención a los diez mandamientos ni veía otro sentido a la vida que no fuese el de disfrutarla. No sabía ni me interesaba saber lo que hay después de la muerte. Las pocas veces en que oraba, lo hacía en pro de mis intereses personales.

2. Con el correr del tiempo, experimenté una conversión. Descubrí a Jesucristo o, mejor dicho, Jesús entró en mi vida. Su vida se volvió mi hogar. Encontré mi meta en Jesucristo, en lugar de hallarla en el mundo material.

3. En mis oraciones profundizaba en la vida de Jesús, que se había convertido en mi Maestro y Señor, y cuyos pasos seguía. En la meditación acerca de su vida, fui tomando conciencia de mis problemas e inclinaciones más profundas. Por la visión de Jesús y su vida ejemplar reconocí mis tareas en este mundo. Solo vivía para él y trataba de encontrarlo en todas las circunstancias de mi vida. Renuncié al mundo. Jesucristo me convocó para

que contribuyera a cambiar este mundo, transformándolo en el reino de Cristo. Sabía que contando solo con mis propias fuerzas no podría lograrlo, pero me esforzaba por hacerlo realidad con su ayuda y en el seno de la comunidad eclesiástica.

4. Últimamente noto en mí un cambio sutil, que percibo como principio de un camino de contemplación. Al comienzo, esta nueva orientación se manifestó en mi vida de oración. Mi trabajo y mi servicio a Cristo en el mundo, empero, no se modificaron en el primer momento. Al menos, no noté ningún cambio en tal sentido. En mi caso, la mutación comenzó con una gracia que despertó en mí un amor y anhelo fervoroso por mirar el rostro de Dios mismo. Sentía una fuerza incontenible que me atraía hacia adentro. Toda mi atención estaba centrada en contemplarlo, en permanecer en su presencia. La presencia serena y la repetición del nombre de Jesucristo colmaban mi vida de oración. No se trataba de un "método de oración", como algunos pueden creer, sino de una necesidad interior. No por ello descartaba las otras formas de oración, en particular el diálogo con Dios, pero la repetición del nombre se convirtió en centro y esencia de mis oraciones.

5. Abría el texto del Evangelio, pero paulatinamente mis meditaciones en torno a la vida de Jesús y los pensamientos que giraban alrededor de la manera en que podría cambiar mi vida se iban debilitando hasta que finalmente cesaron por completo. El detenerme en las imágenes me parecía una pérdida de tiempo en comparación con la visión directa de la presencia del Resucitado. No deseaba ocuparme ya en ver cómo podía cambiar personalmente o qué podía hacer por Cristo. De tal modo pasé, sin proponérmelo, de la reflexión, el discernimiento y otras modalidades que caracterizaban mi oración a la visión, la atención, la permanencia amorosa en la presencia de Dios. La presencia de Cristo me hacía llegar al centro más visceral de mí mismo. "Nuestro corazón está inquieto hasta que descanse en ti", dice

san Agustín. Había oído muy a menudo este texto y otros análogos, pero comencé a hacer la experiencia vivencial de ellos cuando pude contemplar a Cristo durante horas sin palabras, sin pensamientos, sin imágenes, con todos mis sentidos despiertos. Cuando comenté esto con mis amigos y aun con mi acompañante espiritual, se alarmaron y me advirtieron que corría peligro de enajenarme de la realidad. Pero sucedió todo lo contrario.

6. La preocupación por cambiar el mundo ya no era materia de mis oraciones. Pude entender que, si tenía éxito, no era yo el que lo había logrado, sino que las cosas se hacían a través de mi persona. Esto me dio una increíble libertad, dado que no me era preciso lograr nada por mí mismo. Llegué a saber así lo que es la gracia. El hecho de entender que no soy yo el que hace las cosas fue una profunda experiencia para mí. Lo hace Dios por mi intermedio. Al tomar conciencia de esto, recordé el Sermón de la Montaña, cuando Jesús se refiere a los pájaros y las flores: "No se inquieten por su vida… todo lo demás se les dará" (Mt 6, 25-33). Pensé en los profetas, que se fijaban como meta no tanto predicar a las personas, como decir aquello a lo que Dios los urgía. San Pablo dice: "El amor de Cristo nos apremia" (2Cor 5,14).

7. El efecto que este desarrollo de mis oraciones tuvo sobre mi vida en el mundo es maravilloso. Cada vez que regreso a mis actividades después de haber pasado por este interludio de recogimiento soy un hombre nuevo. Me ha dado mucha claridad, fuerza y alegría. Desde este centro, el mundo exterior se vive de otra manera. Voy experimentando un flujo creciente de amor hacia todo ser humano. También me permite sobrellevar mejor las situaciones difíciles. Basta con que vuelva brevemente a mi centro para que el estrés y los sentimientos negativos se relativicen y dejen de ejercer influjo sobre mí. La fuerza y claridad que busco en mi vida ya no provienen de mis reflexiones y decisiones, sino que manan por sí solas de mi centro.

8. Antes de encauzarme por el camino de la contemplación, oí decir muchas veces que los tiempos de oración van en detrimento de las actividades. Que nos hacen ineptos para la vida en el mundo. Mi experiencia es otra: ahora trabajo más que antes, porque me llega más fuerza desde adentro y vivo sin estrés. Comienzo a entender a Jesucristo, quien después de un día de coloquios, sanaciones y contactos con la multitud se retiraba de noche por varias horas a su interior para cobrar nueva fuerza en presencia del Padre.

9. El efecto que lograban mis actividades se desplazó de la acción y organización a la irradiación. Antes me habría esforzado por ir hacia las personas para anunciar a Cristo. Desde que experimenté este viraje hacia adentro percibo que las personas vienen a mí. Ellas, por su parte, perciben que yo me expreso con más fuerza. También me vino a la memoria Moisés, que descendió del monte Sinaí con el rostro bañado en luz (Ex 34, 29-35) y a san Pablo, que decía que había predicado con la fuerza del Espíritu (1Cor 2,4). Es cierto que ni lejanamente poseo la irradiación que ellos tenían, pero siento que mi efecto sobre las personas se desplaza de mis propias acciones a la penetración de la fuerza de Dios en otros.

10. Tomo mis decisiones de manera diferente y nueva. No necesito ya reflexionar largamente ni atravesar arduos procesos antes de tomar una decisión, sino que vuelvo una y otra vez a recogerme en mi centro, donde hasta el momento siempre he logrado claridad. Pienso en Jesús que, según el Evangelio de san Juan, solo contemplaba al Padre en su interior y esto le bastaba para saber lo que debía decir. La garantía de progreso ya no reside tanto como antes en actos de la voluntad. Antes bien, depende de la intensidad y del tiempo que yo dedique a exponerme a la presencia de Dios. No pretendo cambiar el mundo como antes, diríase que todo sucede por sí

mismo. Esto me da gran libertad. Si sigo necesitando fijarme algún propósito, será únicamente el de mantener el rumbo de la oración en recogimiento. No hay otra cosa que deba lograr. Si en el pasado quise cambiar el mundo para Cristo, ahora me limito a contemplar cómo Dios realiza todo a través de mi persona, como si yo fuese un instrumento.

11. Mi contacto con los demás se ha profundizado. He llegado a comprender que las personas solo pueden profundizar el contacto con el prójimo en la medida en que profundicen en su propio interior. La visión de Dios me permite profundizar más en mí mismo y, por consiguiente, en mi contacto con los demás. La intuición con la que comprendo a los demás se ha vuelto más sutil, gracias al recogimiento. Esto mejora la comunicación con los otros, puesto que me resulta más fácil ponerme en el lugar de ellos.

12. En resumen, puedo afirmar que el camino de la contemplación ha modificado mi relación con Dios y con el mundo. Con respecto a Dios, la relación de pensamiento y acción se ha transformado en visión de Dios: no en una visión total, pero al menos en la visión de su presencia. También ha cambiado mi relación con el mundo. Al volver la mirada a la presencia de Dios, el mundo ya no cumple la función de ser el camino hacia Dios. Ya no es, si puedo decirlo así, el camino hacia Dios, sino que el camino me lleva de Dios al mundo. Ya no pretendo que el mundo sea el lugar en el que deseo desempeñar mi servicio a Cristo. Estoy en el mundo y Dios lo transforma por mi intermedio. En otras palabras, no vivo en el mundo para llegar a Dios. Por el contrario, como vengo de Dios, irradio amor en el mundo. No soy más que una herramienta en sus manos. Él lo hace todo y yo me dejo utilizar. Es posible que ya supiera esto con anterioridad, pero ahora el conocimiento se ha transformado en vivencia.

ANEXO IV CONVERSACIONES CON FRANZ JALICS[3]

¿Cuál ha sido su experiencia fundamental en la vida?

Si bien yo sabía ya a los seis años que sería sacerdote, la experiencia fundamental de mi vida fue a los diecisiete, en el bombardeo de Nüremberg. Fue ahí donde tuve la principal revelación de mi vida y donde se me hizo claro que mi misión en el mundo era mostrar el camino contemplativo, es decir, que Dios estaba en todo. Es evidente que entonces no podía saber todavía el cómo apostólico, pero sí el qué. La experiencia del miedo y de la rabia por no querer morir se me quedó grabadísima, pues fue en ese instante cuando vi, aunque apenas fueran un par de segundos, cómo es Dios uno conmigo. Yo vi la vida eterna, podría decir. O, más aún: Yo soy Dios, soy uno con Él.

Tras esta experiencia tuve que acabar el bachillerato y, dos años después, entré en el noviciado jesuita, donde ya a los diez días me atreví a decir a uno de mis compañeros que todos aquellos incontables actos de piedad que estructuraban la jornada estaban muy bien, pero que todo eso era innecesariamente complicado. Quiero decir que desde muy joven era consciente de que había que simplificar; y ello porque lo que yo había visto de Dios durante el bombardeo de Nüremberg era totalmente simple. Más tarde, en Argentina, en diversos grupos y en diálogo con otras religiones, empecé a desarrollar esta intuición de la simplicidad de la contemplación.

¿Y alguna otra experiencia fundamental, o al menos muy importante?

Mi madre. De joven ella quiso ser religiosa del Sacre Coeur, pero las hermanas la invitaron a estudiar antes de entrar en el convento, dado que una vez dentro ya no podría hacerlo. Tras cuatro años de estudios y de doctorado, mi madre conoció al hombre de su vida en una fiesta. Conversó con él toda la noche y se sintió muy confundida, pues seguía sintiendo su vocación religiosa, pero, al tiempo, la llamada a casarse con aquel hombre. En cierta ocasión ella me contó que recibió por parte de Dios esta respuesta: "Yo quiero a tu hijo". Ante esta petición, mi madre le pidió a Dios que, de ser así, le concediera muchos hijos. Y así fue: tuvo nueve. Cuando entré en la compañía, mi madre supo que el hijo que Dios le había pedido era yo.

Veo que la conexión con su madre es muy fuerte.

Hay que tener en cuenta que la vocación de Jesús implica la vocación de su madre, María.

Mi madre murió aquí, en Gries (los ojos se le humedecen por la emoción). Fue en 2004 y ella había nacido en 1902, con lo que tenía 102 años. Ninguno de mis hermanos podía hacerse cargo de ella cuando envejeció, de modo que los últimos años de su vida los pasó en esta casa. Ella fue una persona totalmente guiada por Dios.

Y además de su madre, ¿qué maestros le han ayudado en su camino?

San Juan de la Cruz, en particular por su segunda noche oscura, y santa Teresa de Ávila por la sexta morada, en que ve qué es eso, y la séptima, en que se transforma en eso.

También Ignacio de Loyola, por supuesto, aunque reprocho suavemente a la Compañía no haber entendido la visión en el río Cardoner. San Ignacio se dirigía a una iglesita que había junto a ese río a conversar con un monje y lo que allí vio fue lo mismo, estoy seguro, que yo vi durante el bombardeo de Núremberg. La conversión de la herida en que tanto se ha insistido es importante, pero no tan decisiva como esta. Es en Cardoner donde él comprendió la Creación, es decir, la relación entre nosotros y Dios. Esta es la clave de san Ignacio, y hay un texto de Hugo Rahner en que lo explica.

¿Y maestros vivos? ¿Ha conocido alguno?

Debo decir que busqué un maestro durante mucho tiempo; si viajé dos veces desde la Argentina hasta Europa y pasé un año en Estados Unidos fue, en el fondo, con este propósito. Pero no lo encontré aquí, aunque eso mejor no lo escribas. Todo fue gracias a un exjesuita que venía a hablar conmigo y que en cierta ocasión quiso suicidarse. Aquel tipo llegó incluso a ir con su bicicleta a un bosque con la intención de colgarse de un árbol. Pero poco antes de hacerlo se acordó de que yo le había dicho que había un hombre sabio en Suiza que podría ayudarle. Claro que también le había advertido que seguramente le haría esperar durante meses para recibirle. Aquel exjesuita decidió entonces ir en busca de ese hombre y suicidarse si es que no le recibía en el acto. Contra todo pronóstico racional, el hombre sabio de Suiza le recibió y pasó tres horas conversando con él. Más tarde fui también yo mismo a visitar a ese sabio. Era de la escuela de Ramana Maharshi, como a partir de entonces lo sería yo mismo. De él aprendí muchísimo, aunque yo soy bastante cristiano. Pero te insisto en que esto no lo escribas, puesto que deseo publicarlo yo mismo.

Así que un discípulo de Ramana Maharshi

Sí, el célebre gurú indio del siglo pasado. De él se decía que, sentado en su camastro, apenas dormía para atender a la gente que acudía a él durante casi todo el día. Que muchas veces ni siquiera respondía a las preguntas que le formulaban. Que solo miraba y que esa mirada suya, que más parecía ya de otro mundo, traspasaba de tal modo a su interlocutor que alcanzaba el origen de su pregunta hasta lograr desintegrarla de su inquietud. Era así como Ramana Maharshi abría la conciencia de las personas que iban a verle a la serenidad y al agradecimiento del Ser.

Y maestros cristianos, además de los clásicos que ha citado, ¿no hay?

Yo destacaría al padre Pío, a Teresa de Calcuta y a Juan Pablo II, si bien este último no era un director espiritual.

Porque la dirección espiritual, a la que usted también dedica muchas horas, se ha convertido casi en su actividad principal, ¿no es así?

Desde luego. Yo soy un contemplativo en la acción, y mi acción es ayudar a otros a encaminarse hacia Dios al igual que en Bélgica, por ejemplo, donde residí cinco años, tuve un director espiritual que fue quien me inició a mí en san Juan de la Cruz y en las cartas de san Pablo. Yo quería empezar por los Evangelios, pero él me dijo que los evangelistas vieron a Jesús directamente, mientras que san Pablo lo vio como nosotros le vemos.

¿Y cómo le vemos? Explíqueme de dónde nace su particular método de oración contemplativa

Desde que me ordené sacerdote noté que, al decir la misa, se generaba una profunda conexión entre ambas manos, por su posición una frente a la otra durante el ritual. Comenté el asunto con mis compañeros, pero ellos me dijeron que no sentían tal cosa. Con el Concilio Vaticano II esto de la posición de las manos durante la Eucaristía se perdió por completo. Pero es de ahí de donde nace mi convencimiento del poder sanador de las manos, que es uno de los tres pilares de oración contemplativa.

En sus libros, particularmente en el extraordinario *Ejercicios de contemplación*, se explica detenidamente que los otros dos pilares son la respiración y el nombre de Jesús. Y usted, ¿cuándo medita y en qué sentido cree que esta práctica le ha ayudado?

Como algunos monjes católicos, yo interrumpo el sueño nocturno para orar. Necesito siete horas para estar en forma y las duermo de la siguiente manera: 4 por la noche; luego interrumpo 2 para la oración, y acto seguido duermo otras 2. Tras el almuerzo hago una siesta de 1 hora.

La oración me ha conducido a entrar en la raíz del sufrimiento. Claro que yo no he tenido enfermedades graves, salvo una operación de cadera y otra de corazón, que no era grave pero sí peligrosa. De no haberla descubierto pronto, no habría salido de un infarto.

¿Y en la vida qué es lo que más le ha hecho sufrir? Supongo que esos cinco meses que pasó preso y torturado durante la dictadura en Argentina.

Sí. Sufrí mucho por el compañero que fue torturado conmigo. Él trabajaba en una villa miseria y vivía una importante búsqueda espiritual. Yo fui a trabajar con él, pero apenas pude hacerlo, y él por muy poco tiempo, pues enseñaba teología y tenía a muchas personas en la dirección espiritual. Pero lo que más me ha hecho sufrir es, en todo caso, no haber sido comprendido en mi camino contemplativo por mis propios compañeros de la Compañía.

Camino contemplativo es el que usted ha recorrido. Llegados a este punto y echando la vista atrás, ¿cómo se definiría usted?

¿Qué cómo me definiría? Yo soy yo. He sido enviado con una misión: mostrar el camino; y creo que la cumplí, con la ayuda de Dios. Quizá tenga todavía algo que hacer, pero mi tarea está prácticamente terminada. Ya se realizó aquello para lo que tuve que venir a este mundo. Por lo que se refiere a mi misión nunca tuve ninguna crisis, siempre la tuve clara. Tuve oscuridades, claro, pero fueron en mis años de estudio, en que vivíamos muy encerrados.

Y ahora, en cambio, vive en la luz y posee una lucidez especial para...

No, no. No es que yo vea lo que otros no ven, aunque sí que reconozco el estado espiritual de las personas que vienen a hablar conmigo probablemente con mayor facilidad que otros. Pero no es por visiones externas, sino por una certeza interior.

Porque vienen muchas personas a verle y a pedirle consejo y aliento. Porque usted pasa buena parte de la jornada recibiendo a personas, ¿me equivoco?

Quede claro que yo no llamo ni llamé a nadie; la gente fue viniendo a mí espontáneamente, y es así como creo que debe ser. La gente que busca viene, también jóvenes; y esa es la gente que tiene que venir. Nunca organicé nada, aunque en Argentina sí hubo algunos que organizaron cosas para mí. Pero todos los grupos, en cualquier caso, se disuelven cuando ya no responden a la vida. En la búsqueda espiritual, no es cierto que seamos nosotros, los pastores, quienes tengamos que ir a la gente, sino ellos quienes vendrán a nosotros. Por mí han pasado unas 22 000 personas, pero no escribas esta cifra porque no es exacta. Todo esto yo lo hice por la Iglesia, eso sí puedes escribirlo.

Y además de las personas, está lo de sus libros.

¿Cómo se siente al saber que se multiplican las ediciones y que se han traducido a catorce lenguas, incluido el chino?

El éxito de mis libros me da mucha alegría porque ponen en movimiento la vida cristiana. Me siento enviado a dar a conocer a Dios, y mis libros lo hacen. Quizá tengo un poco de vanagloria, pero es poca, y ya no me importa casi nada. Mis libros más importantes son *Aprendiendo a orar, El camino de la contemplación* y, por supuesto, *Ejercicios de contemplación*, que es el más pedagógico, accesible y concreto de todos. Se publicó en 1995, pero ahí está mi experiencia de director de ejercicios de toda una vida.

Siento una gran sintonía con usted y quiero agradecerle todo el tiempo que me ha dedicado. He sentido que a veces no me oía bien con el oído, pero sí con el corazón.

Pero no me hagas demasiada propaganda, al menos mientras esté vivo. Piensa que tengo ya demasiado trabajo además, 86 años, y no creo que pueda abarcar mucho más.

LOS SUEÑOS LÚCIDOS Y LA CONTEMPLACIÓN

DE JAVIER GARCÍA CAMPAYO

HISTORIA E IMPORTANCIA DE LOS SUEÑOS EN LA HISTORIA DE LA HUMANIDAD

El primer testimonio de un sueño data del año 3100 a. C. en Mesopotamia. En las tablillas del legendario rey Gilgamesh, se nos cuentan los sueños recurrentes de su madre-diosa Ninsum. Estos sueños fueron utilizados para guiar al rey en sus decisiones en el mundo real.

En el antiguo Egipto es donde, por primera vez, el sueño se considera importante por toda una civilización. Creían que tenía una conexión directa con lo espiritual. Parece que podían cambiar la forma del sueño y realizar viajes en el tiempo. Desarrollaron templos específicos para realizar la incubación de los sueños, un método para recibir mensajes reveladores o sanaciones divinas mientras dormían. En el papiro Chester Beatty está la transcripción de un libro sobre los sueños escrito hacia el 2000 a. C.

En la antigua China, los testimonios sobre sueños datan de hace más de 4 000 años. En esta cultura, enlazaban con el reino de los muertos y el de los espíritus. En la antigua India, su mitología consideraba que el mundo que nos rodea es un sueño que tiene lugar en la mente del dios Vishnu. Nosotros solo somos sus manifestaciones, personajes de su sueño. Nuestro mundo finalizará cuando Vishnu concluya su sueño.

En la Grecia antigua, los sueños eran también una práctica espiritual. Inicialmente, se consideraba que solo Zeus, el más poderoso de los dioses, era capaz de enviar sueños divinos, pero, con el tiempo, también podían hacerlo otros dioses. Las dos divinidades que, especialmente, controlaban este proceso eran Hipnos, que regía el dormir, y Morfeo, el soñar. Los griegos construyeron más de 300 templos por todo el Mediterráneo para la sanación a través de los sueños. El padre de la medicina occidental, Hipócrates (460-377 a. C.), utilizaba los sueños como un instrumento para diagnosticar las dolencias de sus pacientes, como afirma en su obra *Sobre los sueños*. Platón, dos mil años antes que Freud, teorizó que los sueños eran la expresión de nuestros deseos reprimidos. Los romanos, herederos de la cultura griega, mantuvieron una relación similar con los sueños durante los primeros siglos, pero, conforme el cristianismo pasó a ser la religión oficial del imperio, los sueños fueron progresivamente menospreciados y olvidados.

El judaísmo siempre dio gran importancia a los sueños. En la Biblia, Jacob, José, Ezequiel y otros profetas reciben sus mensajes en sueños. El Talmud, escrito entre el 200 y el 500 de nuestra era, incluye más de doscientas referencias a los sueños y una especie de diccionario onírico que permite analizar sueños, pesadillas y visiones. Soñar se considera una forma directa de recibir mensajes de Dios.

El islam fue fundado por el profeta Mahoma, a quien en 610 d. C. le fue revelada por el arcángel Gabriel, en lo que muchos consideran que fue un sueño. El profeta tuvo varios sueños en los que recibió mensajes divinos. Se dice que el profeta preguntaba a sus discípulos por sus sueños todas las mañanas y que los interpretaba. La llamada a la oración islámica (*adhan*) la instauró cuando uno de sus discípulos soñó con ella. En el islam hay también una práctica formal del sueño que se denomina *ishtikara*: durante el día se recitan oraciones para, por la noche, recibir la instrucción deseada.

En el cristianismo, las señales de Dios podían recibirse en visiones, mediante voces y en sueños. Aunque podían tomar diferentes formas, la más habitual era la de la divinidad hablando en sueños al profeta elegido. Entre el Antiguo y el Nuevo Testamento, la palabra *sueño* aparece más de cien veces. En algunos casos son sueños de interpretación. Por ejemplo, José interpreta el sueño del faraón (Gen 1-41), en el que ve siete vacas gordas y otras siete famélicas, y lo interpreta como siete años de abundancia seguidos por otros siete de hambruna. Daniel hace lo mismo con el sueño del rey babilonio Nabucodonosor (Dn 2, 43-45), en el que sueña con una estatua gigante que es golpeada por una piedra, y lo interpreta como lo que les ocurrirá a las futuras generaciones.

San Jerónimo (fallecido en el 420 d. C.) fue una figura clave. Tuvo un sueño en el que se le pidió que dejara de leer los textos paganos que le fascinaban. Muchos de ellos se referían al trabajo con los sueños, e interpretó que debía dejar este tema. Él fue uno de los primeros traductores de la Biblia al latín y tradujo muchos pasajes en los que se habla de los sueños y los ligó a la brujería. Desde entonces, la visión del cristianismo sobre los sueños cambió de manera radical y fueron sistemáticamente rechazados.

En la Edad Media europea los sueños fueron degradados y menospreciados. Aunque la Biblia está llena de sueños importantes para los profetas, la cristiandad consideró los sueños como algo nocivo y pecaminoso. En el Renacimiento y Edad Moderna, los sueños se trataban como subproductos poco destacables atribuidos a molestias psicológicas o a malas digestiones, y que no poseían un valor real.

El psiquiatra Sigmund Freud escribió en 1900 su famoso libro *La interpretación de los sueños*, lo que supuso un antes y un después en la concepción de la sociedad moderna respecto a los sueños, ya que se consideraba una vía regia de acceso al inconsciente. Freud afirmaba que los sueños están relacionados con deseos inconscientes y constituyen un intento de resolver conflictos pasados. Recomendó interpretarlos mediante asociaciones. Aunque algunas de las teorías de Freud están superadas, cambió la concepción del mundo actual sobre este tema.

LOS SUEÑOS LÚCIDOS

En Oriente, el uso del concepto de sueño lúcido se pierde en el origen de la historia. Así, las *Upanishads* (1000 a. C.) hacen frecuentes alusiones a ellos. También en el taoísmo (550 a. C.) y en el budismo (500 a. C.) se hace referencia a este fenómeno. Quizá la tradición escrita más antigua que habla sobre el sueño lúcido es la de la religión bön en el Tíbet, con más de mil años de antigüedad. Los tibetanos describieron técnicas específicas para tener experiencias lúcidas en los sueños que aún ahora son muy útiles. Mas allá de alcanzar estos sueños, describen cómo realizar tareas en ellos, comunicarse con seres superiores o adaptar la forma de otros animales. El objetivo final de este proceso era hacerse consciente de que la vida "es solo un sueño".

La primera referencia sobre los sueños lúcidos en la cultura occidental, aunque sin utilizar ese concepto como tal, se remonta a Aristóteles (384-322 a. C.) quien lo menciona en su libro Sobre los sueños, escrito hacia el 350 a. C. En el siglo II d. C., Artemidoro escribió su larga obra en cinco volúmenes, *Oneirocrítica*, donde interpreta los sueños desde una perspectiva no general, sino individual, atendiendo a la historia personal de cada individuo.

En el judaísmo no hay referencia a los sueños lúcidos. En el cristianismo, la primera referencia escrita aparece en una carta de san Agustín, en el año 415 d. C. Describe el sueño de un amigo, el médico cartaginés Gennadius, quien dudaba de la eternidad del alma. San Agustín solo muestra interés por los sueños lúcidos, que obviamente conoce, como demostración de una vida más allá de la muerte. Pero fuera de este interés teológico, no es relevante. Pero ni cristianismo ni judaísmo muestran interés por los sueños lúcidos, ya que la idea general es que son más obra del demonio que de Dios. De hecho, Tomás de Aquino afirmó que: "algunos sueños proceden de los demonios".

El filósofo alemán de siglo XIX Friedrich Nietzsche también conocía los sueños lúcidos. Afirmó: "La Divina Comedia de la vida y el Infierno pasan delante del soñador, no como pinturas en la pared, ya que vive y sufre las escenas". El escritor alemán Thomas Mann, en 1927, desarrolla su famosa novela *La Montaña Mágica* basándose en un sueño lúcido de su protagonista, Hans Castorp, quien buscaba el Grial, el elixir de la vida, es decir, el más alto conocimiento. Este sueño consciente guiará la vida del protagonista.

EL DESCUBRIMIENTO CIENTÍFICO DE LOS SUEÑOS LÚCIDOS

El 12 de abril de 1975, en el Departamento de Psicología de la Universidad de Hull, en Gran Bretaña, el investigador Keith Hearne conectó al soñador lúcido Alan Worsley a un polisomnógrafo, es decir, a un detector de movimientos oculares, ondas cerebrales, tono muscular del mentón y otros signos fisiológicos. A Hearne se le ocurrió que los movimientos oculares, que junto al diafragma eran los únicos músculos que no se paralizaban en fase REM, podrían usarse como señales voluntarias que podían emitirse desde el sueño lúcido. Tras cincuenta noches en el laboratorio de sueños, aquel día, a las 8 de la mañana, Worsley hizo ocho señales oculares desde el sueño lúcido y Hearne observó en el polígrafo que coincidían con la fase REM. Es decir, inequívocamente el soñador movió los ojos a voluntad mientras estaba dormido.

A la par que Hearne y, de forma independiente, el doctor Stephen LaBerge, químico-físico de la Universidad de Stanford, en Estados Unidos, se conectó, en su laboratorio de sueños, a un polisomnógrafo. Además de ser investigador, presentaba sueños lúcidos con facilidad. LaBerge también utilizó el movimiento de los ojos como alfabeto. Aprendió una secuencia preestablecida de movimientos oculares: izquierda-derecha-izquierda-derecha. Su intención era confirmar con sus ojos desde el sueño que se encontraba consciente. Cuando tuvo el sueño lúcido, recordó que debía efectuar la operación. Comparando los registros tomados durante el sueño comprobó que los cuatro trazos correspondientes a sus movimientos oculares se habían producido al mismo tiempo que el EEG marcaba las ondas dentadas típicas de la fase REM. Además, también coincidían con el registro del polisomnógrafo correspondiente a la atonía muscular, que se produce solo durante la fase REM. Por tanto, los sueños lúcidos existían, tenían lugar durante el sueño REM y no eran "microdespertares", como se creía en un principio. Posteriormente, otros laboratorios, en distintos lugares, confirmaron los resultados obtenidos.

CONCEPTO DE SUEÑO LÚCIDO

Es un sueño en el que el individuo es consciente del hecho de que está soñando y, por tanto, a menudo puede influenciar conscientemente el contenido del sueño. Aunque este suele considerarse un criterio suficiente, existe una amplia gama de lucidez dentro de un sueño. Por eso, se describen siete aspectos de lucidez o claridad:

1. Claridad sobre el estado de consciencia: saber que se está soñando.
2. Claridad sobre la libertad de elección durante el sueño: poder modificar el sueño.
3. Claridad de consciencia: poder pensar de forma lúcida durante el sueño.
4. Claridad sobre la existencia de la vida despierta, el mundo real: saber que existe un mundo real, despierto, que no se está viviendo en ese momento.
5. Claridad de percepción de lo que ocurre en el sueño.
6. Claridad sobre el significado del sueño.
7. Claridad en el recuerdo del sueño al despertar: es posible olvidar un sueño lúcido, sobre todo si ocurre en las primeras fases REM de la noche.

Según él, los requisitos del 1 al 4 son imprescindibles para que exista sueño lúcido. Hay que entender que el sueño lúcido no es un proceso dual de "todo o nada", sino un continuo, por lo que unos sueños pueden ser más lúcidos que otros.

Podríamos decir que existen los siguientes niveles de lucidez:

- **Nivel 1:** No se recuerda ningún sueño. Se sueña, pero no se es consciente. Los sueños no son lúcidos en absoluto.
- **Nivel 2:** Leve reconocimiento de que se sueña. En ocasiones se recuerdan algunos sueños. En los sueños se es completamente pasivo, porque no se está consciente.
- **Nivel 3:** Es habitual que se recuerden los sueños. Se tienen ocasionales sueños lúcidos, pero el individuo se despierta a los pocos segundos.
- **Nivel 4:** Se tienen frecuentes sueños lúcidos. Se mantiene en ellos durante algún tiempo en la mayoría de las ocasiones.

No existe apenas influencia en los sueños, se es consciente, pero como sujeto pasivo.

- **Nivel 5:** Casi todas las noches hay sueños lúcidos. Uno siempre sabe que está soñando y, a menudo, puede controlar el sueño a voluntad, creando o haciendo desaparecer lo que se quiera. Se es consciente de que todo lo que aparece no es real.
- **Nivel 6:** Propio de los maestros del sueño, habitualmente también maestros espirituales. Las proyecciones del mundo de los sueños se disuelven y se alcanza el nivel de pura consciencia plena.

TIPOS DE SUEÑOS LÚCIDOS

- **Por el inicio:** La mayor parte de los sueños lúcidos se inician dormidos, desde el período REM. Esto es lo que se ha denominado sueños DILD (dream initiated lucid dream) y suponen más del 70 %. Por el contrario, los que se inician desde el estado de despierto, los llamados WILD (wake initiated lucid dream), suponen menos del 30 %.
- **Por la duración y características:** Algunos autores hablan de sueños "hiperlúcidos", cuando son multisensoriales, es decir, incluyen sensaciones visuales, auditivas, táctiles y kinestésicas. También dejan un gran impacto en quien los experimenta. Pueden durar casi una hora y tienen un simbolismo, una enseñanza y un impacto inmenso en el soñador.
- **Por la relación entre soñadores:** Incluye un tipo especial de sueños: los compartidos. Se distinguen dos tipos: a) los sueños de reuniones, en los que dos o más soñadores se reconocen entre sí e interactúan como si estuvieran en estado de vigilia, y b) los sueños de engranaje o mallado, en los que "las ideas, imágenes, sentimientos,

símbolos, emociones, acontecimientos o el paisaje del ensueño se pueden compartir entre los soñadores". Este segundo tipo de sueños es el más frecuente y, en él, los onironautas ven más o menos "desde el mismo punto de vista, pero por lo general no se dan cuenta de la presencia del otro en el sueño", y las correlaciones aparecen al comparar sus informes. Los sueños mutuos son más frecuentes en personas que tienen lazos emocionales sólidos, como familiares o parejas. Puede haber un desfase de días entre los sueños mutuos, ya que están libres respecto al espacio y al tiempo.

Los sueños son recordados mejor por las mujeres que por los varones, y más por los habitantes de ciudades pequeñas que por los de las grandes urbes. Hay un declinar del recuerdo de los sueños con la edad. Pese a que los sueños lúcidos se consideran una habilidad rara, se estima que el 50 % de la población general ha experimentado un sueño lúcido en su vida. También la mitad de los participantes reportaron que habían experimentado alguna vez un sueño lúcido. Y alrededor de un 20 % del total de la población experimenta sueños lúcidos de forma regular, es decir, al menos uno al mes.

Este fenómeno es más frecuente en mujeres y correlaciona negativamente con la edad, siendo más frecuente en jóvenes y en niños, con casos descritos incluso a los 3 años. Otras variables sociodemográficas, como la educación, el estado civil o los ingresos, no se relacionaron con esta experiencia. Estos efectos pueden ser explicados por la frecuencia con que se recuerdan los sueños, lúcidos o no, en la población general, ya que las variables relacionadas son las mismas. En algunas culturas, como la japonesa, parece que la frecuencia de sueños lúcidos es significativamente mayor en comparación con otros países.

TRADICIONES CONTEMPLATIVAS QUE HAN ESTUDIADO LOS SUEÑOS LÚCIDOS

Existen dos tradiciones que han estudiado a fondo el fenómenos de los sueños lúcidos.

EL BUDISMO TIBETANO

El budismo se originó hace 2 500 años en la India. En la actualidad está dividido en tres escuelas: theravada (budismo antiguo), mahayana (el gran vehículo) y vajrayana (vehículo de diamante). La escuela Vajrayana se estableció en el Tíbet alrededor del siglo VIII, dando origen al llamado budismo tibetano, intensamente relacionado con la religión original local denominada bön. La mayoría de las tradiciones budistas comparten el objetivo de superar el sufrimiento (dukkha) y el ciclo de muerte y renacimiento (samsara), ya sea por el logro del nirvana o por el camino de la budeidad.

Algunas de las enseñanzas claves del budismo son las Cuatro Nobles Verdades, el Noble Óctuple Sendero o las ideas de nirvana, karma o surgimiento condicionado. No las describimos aquí porque no son el objeto de este libro, pero son clave para entender los fundamentos de la tradición budista.

El budismo tibetano considera que existen dos consciencias: 1) la consciencia primordial o prístina, que es no dual y equivale a la consciencia universal y a la naturaleza de Buda, de ella emana la consciencia substrato, y 2) la consciencia sustrato (alaja vigñana), donde se encuentran todos los recuerdos, de esta y otras vidas, así como las semillas kármicas. Esta última es la consciencia individual y base de las reencarnaciones, y es única para cada individuo; de ella emana la psique. El yoga del sueño daría acceso a la consciencia sustrato.

El yoga del sueño es uno de los seis yogas de Naropa, un budista tántrico hindú de los siglos X u XI, según los autores. Naropa fue discípulo de Tilopa, quien le transmitió estas enseñanzas. Se dice que dos de estos seis yogas, el del calor interno (tummo) y el del sueño, los recibió de Krsnacarya, que era profesor en la universidad budista de Nalanda. Los seis yogas de Naropa son:

1. **Yoga del calor interno:** Creación de calor corporal mediante prácticas yóguicas, como posturas, respiración y visualización.
2. **Yoga del cuerpo ilusorio:** Posturas y visualizaciones diseñadas para sentir todos los fenómenos vacíos como un sueño.
3. Yoga del sueño, sobre el que profundizaremos.
4. **Yoga de la clara luz:** Prácticas realizadas durante el período del sueño o el estado despierto para experimentar la "clara luz".
5. **Yoga del momento de la muerte:** Enseña cómo proceder cuando morimos: cómo reconocer que uno ha muerto, elegir un útero adecuado para el siguiente renacimiento y progresar hacia la liberación después de muerto.
6. **Yoga de la transferencia de la consciencia:** Enseñanzas sobre cómo transferir nuestra consciencia a un reino puro o a otro ser vivo o muerto.

Todos estos yogas permiten alcanzar la "clara luz", que sería equivalente al nirvana.

Naropa transmitió estos yogas a Marpa, el traductor y primer discípulo tibetano, quien, a su vez, lo enseñó a Milarepa, el famoso yogui y santo tibetano. La transmisión era oral, ya que se consideraban enseñanzas secretas. El tema de los sueños lúcidos se transmitió a las diferentes escuelas tibetanas. Así, Longchempa (1308-1363), de la escuela Nyngmapa, describe estos yogas en un texto que se ha traducido como Wonderment. Tsongkhapa (1357-1410), el fundador de la escuela Gelugpa, escribió también un comentario sobre el tema, que es considerado uno de los mejores. El yoga del sueño es desconocido en la literatura budista hasta Tilopa, pero la discusión sobre los signos para reconocer la vacuidad y la clara luz son constantes en la literatura tántrica y se remontan al tantra de Guhyasamaja. Este tantra se considera clave en el budismo tibetano.

En el budismo tibetano se considera que existen tres tipos de sueños: 1) sueños ordinarios, tanto lúcidos como no lúcidos; 2) sueños de claridad, lúcidos o no: son más estables y aparecen indicios de enseñanzas más allá del yo convencional, y 3) sueños de Clara Luz, que son necesariamente lúcidos. Son sueños no duales en los que no existe un observador y objetos observados, sino que todo está integrado en un estado no dual.

La práctica del yoga del sueño consta de cuatro etapas y de dos prácticas preliminares. La primera práctica preliminar consiste en reconocer el sueño en la forma en que aparece. Para ello, técnicas como la meditación son especialmente importantes, ya que, desde la perspectiva budista, el mundo tiene la característica de los sueños. Por ello, una técnica habitual es repetirse continuamente a uno mismo: "Esto es un sueño". La segunda práctica preliminar consiste en perder todo miedo que pueda aparecer cuando surja el sueño lúcido, ya que una consecuencia indeseable del miedo en los sueños lúcidos es despertarse físicamente.

Una vez que se ha avanzado en estos preliminares, las cuatro fases del yoga del sueño serían las siguientes: primero, comprender que el sueño es similar a la vida despierta, ya que ambos son fenómenos en constante cambio, impermanentes, un concepto fundamental en el budismo; segundo, controlar el entorno onírico, una fase clave si se sufren pesadillas, ya que permite comprender que no se puede recibir ningún daño en el sueño; la tercera fase consiste en comprender que el cuerpo del sueño no tiene sustancia real, y la misma idea se aplica al resto de objetos y personajes del sueño, y el cuarto y último estadio consistiría en que el soñador intenta, durante el sueño lúcido, visualizar una deidad del panteón tibetano. En esta tradición se cree que el sueño lúcido ocurre, principalmente, al final del período del sueño, cerca del amanecer, algo coherente con los conocimientos científicos actuales.

Considerar el mundo como un sueño es una forma de disminuir el apego a todo lo que sucede en él y, por tanto, una forma de "ahorrar energía psíquica", algo muy similar a lo que enseña la tradición chamánica. Por otra parte, el yoga del sueño forma parte del yoga del sueño ilusorio. Una de las prácticas clave en este yoga es mirarse al espejo y disminuir el apego por nuestro propio cuerpo con diferentes técnicas. Algo, de nuevo, muy similar a la práctica de las máscaras en la tradición tolteca. Todas estas técnicas las aprenderemos más tarde. Resulta impresionante la semejanza entre dos culturas, tan distantes y que no podían tener contacto entre sí, en este tema tan específico como es el desarrollo de los sueños lúcidos.

EL CHAMANISMO YAQUI Y TOLTECA

A continuación, expondremos algunos de los grandes temas según esta tradición. Están resumidos en los libros de Carlos Castaneda, sobre todo *Viaje a Ixtlán* (Castaneda, 1984) y *El arte de ensoñar* (Castaneda, 1993), que nos descubren los fundamentos de la visión yaqui. La visión tolteca en general, y de los sueños en particular, está ampliamente descrita en el libro *El secreto tolteca* (Magaña, 2015):

- **El universo:** Según la tradición chamánica, el universo está compuesto por energía. El lenguaje no alcanza a describirlo en toda su complejidad; por eso, los antiguos brujos decían que era semejante a hilos incandescentes que se extienden en el infinito en todas las direcciones concebibles, filamentos conscientes de sí mismos, en formas imposibles de comprender. El universo se compone de elementos físicos y energéticos. Los elementos físicos son parte de nuestro sistema de interpretación, pero los elementos energéticos no lo son. En nuestro mundo existen elementos energéticos, como la consciencia, pero nosotros, como gente común y corriente, percibimos únicamente los elementos físicos, porque así nos enseñaron a hacerlo. Los ensoñadores perciben los elementos energéticos por la misma razón

- **El ser humano:** La humanidad percibe el mundo que conocemos, en los términos en que lo hacemos, solamente porque compartimos cohesión y uniformidad energética. Adquirimos estas dos condiciones automáticamente, en el transcurso de nuestra crianza, y las tomamos a tal punto por supuestas que no nos damos cuenta de su importancia vital, hasta el momento de enfrentarnos con mundos distintos del habitual. Es entonces cuando se hace evidente que, para percibir de una manera coherente y total, necesitamos una apropiada cohesión y uniformidad energética.

- **El punto de encaje:** Es donde la percepción tiene lugar. El punto de encaje se puede desalojar del punto donde normalmente se localiza. Cuando está en su posición habitual, el comportamiento y percepción son los usuales, pero cuando se consigue desplazar, la consciencia de ser es diferente, y percibe de una manera que no es familiar. A mayor desplazamiento, más insólita es la percepción del mundo y la consciencia del ser. Según los brujos, la localización habitual de nuestra percepción cotidiana se encuentra entre los omoplatos.

- **La segunda atención:** Es el estado de consciencia que pone en tela de juicio la idea del mundo y de uno mismo. Se puede entrar en la segunda atención reteniendo el punto de encaje en una nueva posición, previniendo que este se desplace de regreso a su sitio original. La segunda atención se define, entonces, como el resultado de fijar el punto de encaje en nuevas posiciones. Nuestra manera de percibir es la de un predador, una manera eficaz de evaluar y clasificar la comida y el peligro. Pero hay otro modo: el acto de percibir la energía misma, directamente. Percibir de esta manera nos hace comprender, clasificar y describir el mundo en términos mucho más incitantes y sofisticados.

- El **tonal y el nagual:** *Tonal* viene de *tonatiuh*, "el Sol", generador de calor. El tonal es nuestro cuerpo energético que produce calor. Puede percibirse como un halo ámbar alrededor de la cabeza y rige nuestra percepción del estado de vigilia. Es la percepción ligada a la materia y a los cinco sentidos físicos, crea nuestra identidad y nuestra percepción del tiempo. *Nagual* procede de dos palabras: *nehua*, que significa "yo", y *nahualli*, que quiere decir "lo que se extiende" (más allá del tonal). Está regido por la energía del universo, sobre todo de la Luna, Venus y las Pléyades. Se percibe como un resplandor gris azulado (como la luz fría de la Luna) alrededor del ombligo, cuando estamos despiertos, pero asciende a la cabeza cuando estamos dormidos. Es el cuerpo energético, que viaja por el mundo onírico y otros mundos. Por eso percibimos las cosas de distinta forma cuando soñamos que cuando estamos despiertos, porque predomina uno u otro. La mayor desgracia, según la tradición tolteca, es que tonal y nagual se separen. Actualmente, cuando estamos despiertos, la energía del tonal se mueve alrededor de la cabeza y la del nagual, alrededor del ombligo, y giran en direcciones opuestas y nunca se encuentran. Si no recordamos lo que soñamos, nuestros sueños se convertirán en nuestro futuro, y esto se denomina "la prisión invisible de la Luna".

- **El sueño:** Según los toltecas, el estado de sueño produce cuatro veces más energía que el de vigilia. El problema es que, para controlar los sueños, necesitamos cuatro veces más energía que la que necesitaríamos si en ambos períodos la energía fuese la misma. Esto explica la gran necesidad de redireccionar la energía en vigilia para usarla en los sueños, lo que se conoce como "el camino del guerrero". El punto de encaje se desplaza muy fácilmente durante el sueño. Cuanto mayor es el desplazamiento, más inusitado es el sueño, y viceversa. Sabiendo esto, los antiguos crearon el arte de ensueño. Ensoñar permite desplazar el punto de encaje a voluntad a fin de expandir y acrecentar la gama de lo que se puede percibir. También se puede describir como un proceso mediante el cual los ensoñadores aíslan condiciones del ensueño en las que pueden encontrar elementos que generan pura energía. Ensoñar es el proceso por medio del cual intentamos encontrar posiciones adecuadas del punto de encaje, posiciones que nos permitan percibir elementos que generan energía en el estado onírico.

- **El cuerpo energético es la contraparte del cuerpo físico:** Una configuración fantasmal hecha de pura energía. Al ser pura energía, puede llevar actos que van más allá de las posibilidades del cuerpo físico. Ensoñar es el arte de templar el cuerpo energético hasta convertirlo en una unidad capaz de percibir. Llegar al cuerpo energético es llegar a "la primera puerta del sueño".

- **El camino del Guerrero:** Todos tenemos una cantidad determinada y limitada de energía básica. Esa cantidad es nuestro acervo energético y lo usamos todo para percibir y tratar con nuestro absorbente mundo. No hay más energía disponible para nosotros en ningún sitio, y como la energía de que disponemos está siendo usada en su totalidad en el día a día y en los sueños ordinarios, no nos queda ni un ápice para percepciones extraordinarias, como el ensueño o sueño lúcido. Para rebuscar energía, los brujos reorganizan ingeniosamente la distribución de su energía básica, descartando cualquier cosa que consideren superflua en sus vidas. Llaman a este método el "camino del guerrero" o el "camino de los brujos". Este camino es una cadena de conductas alternativas que se puede usar para tratar con el mundo diario. Hay dos maneras de encarar el mundo: una es rindiéndose a él, bien sea resignándose a sus demandas o peleando, y la otra es moldeando los aspectos particulares de nuestra situación vital a fin de que encajen en el "camino del guerrero" y podamos conservar la energía.

De todas las premisas del camino del guerrero, la más efectiva es la de perder la importancia personal (Castaneda, 1984; 1993). Empleamos la mayor parte de nuestra fuerza en sostener nuestra importancia, y nuestro desgaste más pernicioso es la compulsiva presentación y defensa del Yo: la preocupación acerca de ser o no admirados, queridos o aceptados. Si es posible perder algo de esa importancia, dos cosas extraordinarias nos ocurrirían: primero, liberarnos de nuestra energía de tener que fomentar y sustentar la ilusoria idea de nuestra grandeza, y segundo, nos proveeríamos de suficiente energía para entrar en la segunda atención y vislumbrar la verdadera grandeza del universo.

Puesto que los sueños utilizan las experiencias que hemos tenido desde nuestro nacimiento, una forma de liberarlos de ellas, para dejar paso a la consciencia, es la recapitulación o rememoración de la vida. Consiste en traer al recuerdo cada uno de los momentos de nuestra vida con el máximo detalle posible. Este proceso permite que nos liberemos de bloqueos emocionales, nos deshagamos de la pesadez de nuestras vidas y nos volvamos más y más vaporosos. Describiremos esta técnica y el resto de enseñanzas chamánicas para el control del sueño en un capítulo específico.

La consciencia, como elemento energético de nuestro ambiente, es la esencia de la brujería. En primer lugar, se busca liberar la energía existente en nosotros mismos, mediante la recapitulación y la disciplina del camino del guerrero. En segundo lugar, se usa esa energía para desarrollar el cuerpo energético por medio del ensueño. Y, en tercer lugar, se usa la consciencia como un elemento del medio ambiente para entrar en otros mundos no solo con el cuerpo energético, sino también con el cuerpo físico.

El arte del ensueño: los antiguos brujos crearon el arte de ensueño basándolo en cinco condiciones:

1. Vieron que solo los filamentos energéticos que pasan directamente a través de los puntos de encaje pueden ser transformados en percepción coherente.
2. Si el punto de encaje se desplaza a cualquier otra posición, sin importar cuán grande o diminuto sea el desplazamiento, otros filamentos energéticos que no son habituales comienzan a pasar a través de este. Ello hace entrar en juego el fulgor de la consciencia, lo cual fuerza a estos filamentos energéticos a transformarse en percepción coherente y estable.
3. En el transcurso de los sueños normales, el punto de encaje se desplaza fácilmente por sí solo a otras posiciones en la

superficie o en el interior del huevo luminoso, que es la forma energética del ser humano.

4. Por medio de la disciplina es posible cultivar y ejecutar en el transcurso de los sueños normales un sistemático desplazamiento del punto de encaje.

5. Se puede hacer que el punto de encaje se desplace a posiciones fuera del huevo luminoso y entre en el reino de los filamentos energéticos del universo fuera de lo humano.

La atención de ensueño se adquiere al fijar el punto de encaje en cualquier nueva posición a la cual se haya desplazado durante los sueños normales. Es una faceta incomprensible de la consciencia, que está esperando el momento en que la convoquemos y le demos propósito. Es una facultad velada que tenemos en reserva, pero que nunca nos atrevemos a usar. Insistimos en tomar los sueños como algo conocido: lo que ocurre mientras dormimos. El nagual insiste en otra versión: es una compuerta a otros reinos de percepción. A través de esa compuerta, se filtran corrientes de energía desconocidas. La mente se apodera de esas fuentes de energía y las convierte en parte de nuestros sueños.

CONCLUSIONES

Los sueños lúcidos se consideran en algunas tradiciones una puerta a la consciencia más profunda del ser humano. E, incluso, una interfaz con la que comunicar con otras realidades. Su desarrollo y entrenamiento ha sido exhaustivamente descrito en estas dos tradiciones. El budismo tibetano y el chamanismo tolteca.

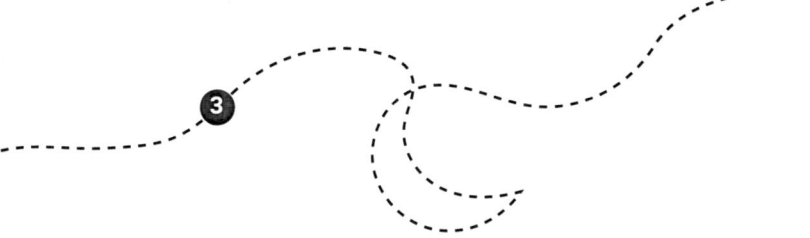

IBN ARABĪ, INTÉRPRETE SUFÍ DE LAS REALIDADES DIVINAS

DE HALIL BARCENA

Se cuenta que, en cierta ocasión, un joven árabe andalusí, sincero buscador espiritual con tendencias visionarias, tuvo un sueño premonitorio a través del cual pudo vislumbrar cómo sus enseñanzas llegarían a difundirse con el tiempo tanto en Occidente como en Oriente. Qué duda cabe de que la historia ha refrendado con creces dicha premonición, ya que el protagonista de tal sueño no fue otro que Ibn 'Arabī, una de las voces más decisivas no ya del *taṣawwuf* o sufismo islámico, la dimensión mística e iniciática del islam, sino de la espiritualidad universal. Y es que Ibn 'Arabī, verdadero intérprete sufí de las realidades divinas, considerado por muchos como el mayor exégeta de la gnosis islámica, no solo ha determinado el devenir del sufismo, durante los últimos ocho siglos, desde las costas occidentales de África hasta los confines del mar de la China, sino que se ha convertido hoy en un referente espiritual de primer orden reconocido universalmente, más allá de los límites específicos del orbe islámico.

Autor de una obra tan inmensa como difícil de abordar, no exenta en muchos casos de encendidas controversias— algunas justificadas, otras no tanto— que han llegado hasta nuestros días, Ibn 'Arabī es considerado en árabe, sobre todo por sus seguidores, como Al-Šayj al-Akbar, esto es, el "Maestro sublime", dada su colosal estatura espiritual.

También se le conoce como *Al-Kibrīt al-Aḥmar* o "el Azufre rojo", expresión esta proveniente de la alquimia islámica que designa la materia —suerte de piedra filosofal sufí— capaz de transformar la plata en oro y que en el léxico técnico empleado por los sabios del sufismo se utiliza para referirse a la más alta estación en la senda interior de la realización espiritual, caracterizada por la clarividencia (tafṣīl), entendida aquí como la facultad de comprender y discernir claramente la naturaleza real de las cosas.

Sin embargo, también se le llama así a Ibn ʿArabī, "el Azufre rojo", no tanto por haber alcanzado dicha estación de privilegio, reservada únicamente a la élite espiritual, como por su capacidad de transmutar la ignorancia en conocimiento gracias a su enseñanza y al influjo espiritual que emanaba de él, a la imantación de su baraka, esto es, al poder de actuar sobre las criaturas del mundo, del mismo modo que el citado azufre rojo convierte, ya lo hemos apuntado, la plata en oro.

Porque Ibn ʿArabī fue también un conductor de almas, alguien comprometido con la educación espiritual no ya de sus contemporáneos, sino de las generaciones que vinieron tras él. En ese sentido, cabe decir que no solo fue un sabio (ʿārif), sino también un maestro, un guía espiritual (muršid), habida cuenta que el maestro es el sabio que, además de conocer los secretos de la senda interior, sus luces y sus sombras, sus virtudes y también sus peligros, tiene vocación pedagógica en tanto que enseñante, cualidad esta que no todos los sabios poseen, misión que no todo el mundo está llamado a cumplir.

UN ESPÍRITU ANDALUSÍ

Abū Bakr Muḥammad Ibn ʿAlī Ibn Muḥammad al-Ḥātimī al-Ṭāʾī Ibn al-ʿArabī, que así es como se llamaba, nació en la Murcia entonces andalusí, un 17 del mes de Ramadán del año 560 de la hégira islámica, correspondiente al 28 de julio de 1165, en el seno de una piadosa, culta y noble familia musulmana de origen árabe. Más tarde, ya reconocida su enorme talla espiritual, las gentes se dirigirán a él como Muḥyī al-Dīn, título que significa "Vivificador de la tradición", que es, en definitiva, lo que Ibn ʿArabī significó para el conjunto de las ciencias islámicas. Dicha clase de apelativos comenzó a hacerse común entre los hombres de religión a partir de la segunda mitad del siglo XII. Así, por ejemplo, a un contemporáneo destacado de Ibn ʿArabī como Mawlānā Rūmī (1207-1273), verdadero alquimista del corazón y maestro de derviches giróvagos, le llamaban Ǧalāl al-Dīn, esto es, "el Esplendo de la tradición".

Siendo todavía un niño, el pequeño Ibn ʿArabī dio muestras inequívocas de su sed innata de sabiduría y verdad, al tiempo que tuvo sus primeras experiencias visionarias. De hecho, hizo gala de una potencia visionaria fuera de lo común a lo largo de toda su vida. Según su propio testimonio, la vocación espiritual Ibn ʿArabī se debió a tres motivos fundamentales: las súplicas de su madre; el ejemplo y las exhortaciones de su esposa Maryam, mujer de vasta formación religiosa e inclinaciones espirituales, y a la experiencia de una grave enfermedad que le condujo a las puertas de la muerte[1].

Ibn ʿArabī fue consciente siempre del valor del límite, no tanto como frontera infranqueable, sino, todo lo contrario, como espacio intermedio de tránsito y apertura, istmo o *barzaj*, que permite el acceso a un plano distinto de la realidad. De ahí que todo lo que se realiza al límite y en el límite posea un significado diferente. Pero, detengámonos un instante en el término árabe *barzaj*, uno de los predilectos del sabio murciano. *Barzaj* aparece mencionado en tres ocasiones en el texto coránico. En una de ellas -azora 23, "Los creyentes", aleya 100, se describe el *barzaj* como el estado intermedio en el que el espíritu del difunto permanece en una suerte de sueño entre el día de su muerte y el día del juicio final. Dicho esto, hay que tener en cuenta que toda la terminología que utiliza Ibn 'Arabī en su obra es siempre de raigambre coránica, lo cual obedece a la misión que él cree estar llamado a cumplir dentro de la propia tradición. Sus interpretaciones del lenguaje coránico son siempre muy personales y harto originales, si bien se ajustan siempre a las propias reglas gramaticales de la lengua árabe y a la semántica de cada una de las palabras empleadas.

Pero, volvamos a la idea de límite allá donde la habíamos dejado. Transitar a través del límite tiene algo de prueba (ibtilā'). Un conocido hadiz atribuido a Muḥammad, el profeta del islam, modelo de humanidad y de espiritualidad para los sabios sufíes, dice así: "Cuando Dios ama a alguien, lo pone a prueba; si la supera, lo elige y, si es agradecido, lo escoge entre sus elegidos". Qué duda cabe que Ibn 'Arabī se supo elegido por Dios para llevar a cabo una misión única, privilegio personal e intransferible, la de vivificar el legado espiritual del islam, del cual él siempre se sintió heredero predilecto, a través de la comprensión de su significado profundo, el realmente verdadero, más allá del puro formalismo y del literalismo restrictivo.

Su primer período formativo transcurrió en las tierras andalusíes que le vieron nacer. En sus escritos, moteados siempre con indisimulados apuntes autobiográficos, el propio Ibn 'Arabī cita como maestros a un buen puñado de ascetas y místicos, teólogos y filósofos que conoció en distintas ciudades andalusíes, donde frecuentó algunos de los círculos del saber más importantes de la época[2]. En Almería, por ejemplo, entró en contacto con la escuela sufí de Ibn al-'Arīf (1088-1141), heredero, en cierta forma, del neoplatonismo místico del cordobés Ibn Masarra (883-931)[3], que fue

uno de los precursores del pensamiento espiritual y la filosofía de Al-Ándalus, cuya culminación la hallamos, justamente, en la figura egregia de Ibn 'Arabī.

En este punto, merece la pena subrayar el papel destacado que un par de mujeres extraordinarias desempeñaron
durante el período formativo de Ibn 'Arabī aún en su tierra
natal andalusí. Nos referimos a Ğāsmīna de Marchena y,
más especialmente aún, a Fāṭima bint Ibn al-Muṯannà
al-Qurṭubī, natural de Sevilla, adonde se había trasladado
la familia de Ibn 'Arabī cuando este tenía ocho años, cuyas
enseñanzas espirituales siguió durante varios años y a
quien sirvió fielmente, hasta el punto de convertirse en una
verdadera madre espiritual para él. Según refiere Ibn 'Arabī,
la propia Fāṭima habría llegado a decirle en cierta oportunidad: "Soy tu madre divina y la luz de tu madre física".[4]
Sea como fuere, conviene recordar que jamás Ibn 'Arabī
sirvió a ningún hombre de entre los muchos sabios que
conoció a lo largo de su vida, tanto en Al-Ándalus como
más tarde en tierras del Oriente islámico.

Con todo, lo relevante es que algunos de los episodios
más sobresalientes del exuberante periplo vital y espiritual
de Ibn 'Arabī estuvieron marcados por ciertas figuras feme-
ninas fuera de lo común -incluidas su madre y esposa, como
ya hemos visto-, lo cual acabará por convencerle de la inmensa capacidad espiritual de la mujer tanto para el conocimiento como para la experiencia mística de la proximidad a Dios,
algo que ya habían apuntado con anterioridad algunas figuras de relieve del primer sufismo, como por ejemplo, Ḥasan
al-Baṣrī (642-728), que se consideró discípulo de Rābi'a
al-'Adawīya (714-801), la célebre maestra y poeta sufí de
Basora. Según el sabio sufí de Murcia, el alma de la mujer,
dada su naturaleza y condición, está más capacitada —y pre-
parada también— que cualquier otro ser para alcanzar con

mayor rapidez las cotas más elevadas en el camino espiritual de la presencia divina.

Ibn 'Arabī bebió de muchas y muy diversas fuentes del saber, no solo sufíes, dotándose de una sólida formación tanto espiritual como teológica y también filosófica, algo que se advierte fácilmente al tomar cualquiera de sus obras. Dicho de otro modo, Ibn 'Arabī, hombre insaciable en su búsqueda de la verdad, lo abarcó todo, y no por mera curiosidad intelectual, sino por una sed de conocimiento ilimitada. Todo ello fue lo que le llevó a convertirse en un infatigable viajero espiritual, siguiendo así el imperativo islámico derivado de un par de hadices atribuidos al profeta Muḥammad, según los cuales el ser humano, primeramente, ha de buscar el conocimiento desde la cuna a la tumba, y, en segundo lugar, ha de buscarlo dondequiera que sea, ¡incluso en China!, asevera el Profeta. Y es que el islam exige e impone a los musulmanes, hombres y mujeres de cualquier condición, un gran interés por el conocimiento y el aprendizaje, insistiendo, al mismo tiempo, que el conocimiento verdadero, es decir, el que es capaz de nutrir y transformar de cuajo al ser humano, no se toma de los libros, que son letra muerta, al fin y al cabo, sino de la boca, o mejor dicho aún, de los corazones de los hombres y mujeres de conocimiento.

Y eso fue, justamente, lo que hizo Ibn 'Arabī, viajero infatigable, a lo largo de su vida, primero recorriendo el territorio andalusí y después a través del norte de África y el Oriente islámico. Sin embargo, todo ello en modo alguno quiere decir que su indagación se ciñera exclusivamente al ámbito intelectual. Muy pronto, siendo todavía un adolescente, Ibn 'Arabī se sometió a una ardua disciplina espiritual, basada en la oración, el ayuno y el retiro espiritual, práctica esta que acostumbraba a realizar en la soledad nocturna de los cementerios, para comprender mejor el significado real de la muerte. Sabido es que, para los sabios del sufismo, la meditación acerca de la muerte ha sido siempre una forma de corregir tanto la frivolidad y las veleidades del ego, como el apego a lo mundano. Por consiguiente, en Ibn 'Arabī conocimiento y disciplina espiritual siempre fueron dos realidades indisociables en la senda de perfección espiritual.

UN ENCUENTRO PROVIDENCIAL, RAZÓN Y REVELACIÓN

Uno de los episodios más singulares y significativos del primer tramo de su vida, aún en suelo andalusí y antes de su marcha definitiva hacia tierras orientales, fue el encuentro que el joven Ibn 'Arabī tuvo con el filósofo, médico, alfaquí y polímata cordobés Ibn Rušd (1126-1198), el Averroes de los latinos, conocido en Europa fundamentalmente por sus extensos comentarios de Aristóteles. Por aquel entonces, Ibn 'Arabī contaba tan solo diecisiete años de edad, pero los hechos prodigiosos que se explicaban de él —sobre todo sus experiencias visionarias— habían llegado a oídos de Ibn Rušd, a la sazón cadí de la ciudad de Córdoba y amigo personal del padre del joven visionario, que mostró interés por conocerlo.

En dicho encuentro providencial —un tanto mitologizado posteriormente, todo sea dicho de paso—, se hallaron ante sí dos figuras emblemáticas —porque también Ibn 'Arabī lo era, a pesar de su juventud— de la falsafa o filosofía islámica y el sufismo, respectivamente. Ibn Rušd e Ibn 'Arabī personificaban dos maneras de acercamiento a la verdad, o lo que es lo mismo, dos formas de conocimiento diferenciadas entre sí, aunque ni mucho menos antagónicas como a veces se ha querido ver, sino más bien complementarias. Por una parte, el conocimiento racional ('ilm), propio de la falsafa de Ibn

Rušd y, por otra, el conocimiento gustativo —valga la expresión— o experiencial (ma'arifa), característico del sufismo de Ibn 'Arabī.

A veces, se ha tendido injustamente a minusvalorar el punto de vista de Ibn Rušd, cuando no a ridiculizarlo, sobre todo desde ciertos ámbitos sufíes. Sin embargo, conviene aclarar que el filósofo cordobés no fue un mero "racionalista", como se ha dicho de forma un tanto abusiva. Más bien, Ibn Rušd fue "un espíritu racional abierto a la dimensión espiritual, interior, del mundo"[5]. Para él, existía una armonía perfecta entre dicho acercamiento interior del mundo y la razón. La principal virtud de Ibn Rušd consiste en habernos hecho conscientes de la importancia de la razón. En otras palabras, toda indagación espiritual que desprecie la razón acabará en puro desvarío. Igualmente, toda indagación filosófica que no desemboque en la realización espiritual acabará en mero verbalismo conceptual. Y es que, como afirman los sabios sufíes, la palabra "agua" no calma la sed, del mismo modo que la palabra "vino" no embriaga.

Por lo que respecta a Ibn 'Arabī, cabe subrayar su notable formación en el campo de la filosofía. Sus ideas filosóficas proceden fundamentalmente del neoplatonismo árabe, como queda de manifiesto en su prolífica obra escrita. Por consiguiente, la suya no es una mística de lo inefable, refugiada en la devoción y la piedad irracional. El sabio murciano, así como otros destacados maestros sufíes, posee el don de la palabra. Dicho de otro modo, la experiencia mística no le condenó al mutismo. Al contrario, la palabra es el fruto más preciado de dicha experiencia mística de trascendencia del yo. Indudablemente, a Ibn 'Arabī el método científico racionalista de una cierta filosofía arrinconada en la razón—¡que no es la filosofía de Ibn Rušd!—le resultaba del todo insuficiente. Dicho de otro modo, en la vida no todo se consigue a base de esfuerzo personal. También existe eso que llamamos inspiración o revelación, que no depende de nosotros, puesto que es dádiva, pura gratuidad. Así pues, hay una palabra conquistada, la del filósofo, y una palabra dada, la del místico.

Sea como fuere todo ello, el encuentro entre Ibn Rušd e Ibn 'Arabī nos habla acerca de la imperiosa necesidad de que fe y razón, razón y revelación, lleguen a conciliarse. Porque la razón no tiene derecho a anular la fe, esto es, la dimensión espiritual del ser humano, pero, por las mismas, la fe no puede serle repugnante a la razón. Existe una filosofía racionalista, soberbia en su estéril palabreo, que es la que Ibn 'Arabī denuncia, entre otras cosas, por su insuficiencia para dar cuenta del misterio divino. Del mismo modo, existe una mística menor, enfermiza e irracional, supersticiosa y aberrante, de la cual huye Ibn Rušd. En nuestros tiempos, Frithjof Schuon lo ha denominado "sufismo medio".[6]

MIGRACIÓN A ORIENTE, ITINERANCIA, VIAJE Y EXILIO

Impelido por su afán de conocimiento y el ansia de experimentar nuevos estados espirituales, Ibn 'Arabī se entregó desde joven, lo hemos venido diciendo ya, a una vida itinerante siguiendo las huellas de los sabios y maestros más reputados de la época, ya fuera en Al-Ándalus o el norte de África, consciente de que solo a su lado podía colmar su deseo, un deseo esencial, de avanzar con garantías de éxito a través de la senda interior. Entre todos ellos, merece la pena destacar a Abū Madyān (ca. 1116-1198), a quien conoció en la ciudad hoy argelina de Bujía. Ibn 'Arabī tenía entonces veintiocho años de edad. Junto a él, permaneció estudiando durante una larga temporada. Originario del municipio sevillano de Cantillana, Abū Madyan, hombre de un vasto conocimiento religioso y carisma arrollador, un andalusí de renombre en todo el orbe islámico, dejó una impronta indeleble en Ibn 'Arabī, hasta el punto de que este lo consideró siempre como su más grande maestro. En cierta manera, el posterior sufismo de Ibn 'Arabī, una vez este alcance la madurez espiritual en Damasco, guardará enormes similitudes, en cuanto a orientación y carácter, con el de su maestro Abū Madyan. Pero, no nos adelantemos y vayamos paso a paso.

De Bujía fue a Túnez, donde Ibn 'Arabī tuvo algunas experiencias místicas, todas ellas de carácter visionario, que marcarían su devenir a partir de entonces, tal como recogen sus biógrafos.[7] Y es que la itinerancia exterior de Ibn 'Arabī tuvo una correspondencia interior, a través de la geografía del espíritu. Nuevamente en Sevilla, Ibn 'Arabī tomará una decisión trascendental: abandonar su tierra natal andalusí y partir hacia Oriente. Dos fueron las razones fundamentales de su marcha, una de índole social, otra más personal. En primer lugar, tuvo mucho peso la situación político-religiosa del momento. Poco a poco, el clima intelectual y espiritual de Al-Ándalus se había ido enrareciendo, presa del oscurantismo religioso impuesto por la dinastía gobernante almohade, algo difícil de tolerar para un espíritu libre como era Ibn 'Arabī. En segundo lugar, pesó también el hecho de que en Al-Ándalus ya nada había que pudiera estimular a Ibn 'Arabī. Dicho de otro modo, el territorio andalusí se le había quedado pequeño.

Para Ibn 'Arabī, aquella migración oriental, un viaje sin retorno, adquirió un enorme valor simbólico. Dejaba tras de sí el lugar por donde se pone el sol para ir hacia el lugar por donde éste se levanta. Aquel fue un viaje —una peregrinación de hecho— a las fuentes orientales de la luz y, al mismo tiempo, a la cuna del islam, que para él eran una misma realidad. La migración oriental de Ibn 'Arabī fue un viaje sin retorno a la luz del islam que iba a orientar su vida en una nueva dirección insospechada. En definitiva, aquel viaje fue una peregrinación a las fuentes, un retorno desde la oscuridad al origen principal de la luz, un camino de iluminación. Téngase en cuenta, además, que, en árabe, "oriente", *šarq*, e "iluminación", *išrāq*, comparten una misma raíz gramatical.

Tras dejar atrás Al-Ándalus, pasó a ser un expatriado, condición esta propia de los fieles del islam. Reza así un hadiz del profeta Muḥammad: "El islam comenzó en el exilio y volverá al exilio". Quien sigue la senda sufí hacia Dios es y vive forzosamente como un exiliado en este mundo. El sufí en tanto que sālik o buscador espiritual aspira a recorrer el camino de retorno a su origen en Dios. Dice Ibn 'Arabī:

> *"Considera que el mundo es de figura esférica y por esto ansía volver a su principio, una vez que ha llegado a su fin, es decir, a Dios, que fue quien nos sacó del no ser al ser y al cual hemos de volver, como Él mismo dice en varios lugares de su Libro [el Corán]. Todo ser, toda cosa, es una simple circunferencia que torna a aquel de quien tomó su principio".* [8]

En estas breves palabras de Ibn 'Arabī aparece condensado lo que podríamos denominar el pensamiento de la circularidad, que constituye uno de los elementos más característicos de la doctrina espiritual sufí. Dicho pensamiento está estrechamente ligado a las ideas de retorno (tawba) y recuerdo (dikr); retorno a Dios desde el estado de olvido y negligencia (gafla), propio del hombre común, y recuerdo de Dios, que no es sino la presencia viva de lo divino en cada momento. Ambas ideas, retorno y recuerdo, constituyen la base del sufismo. De hecho, todo en él es memoria, nos recuerdan —¡y nunca mejor dicho!— los maestros sufíes.

Al mismo tiempo, se alude implícitamente en dicho texto al sentido real que la palabra "viaje" posee para el sabio sufí de Murcia.[9] Ibn ʿArabī habla a menudo del viaje de las criaturas, todas las criaturas, y de las esferas celestes, además del viaje del alma de los seres humanos. A veces, también se refiere al viaje de Dios, que está renovando la creación a cada instante (taǧdīd al-jalq), e incluso al viaje del propio Corán, que desciende desde Dios al corazón del fiel que lo lee o recita. En definitiva, el principio motor de la existencia es el movimiento, esto es, el viaje.

De hecho, la noción de viaje se halla impresa en el corazón mismo del islam. Ser musulmán implica ser un peregrino. Entre los cinco pilares del islam hallamos, justamente, la obligación —siempre y cuando sea posible— de realizar la peregrinación ritual a La Meca (ḥaǧǧ). Al mismo tiempo, el término ṭarīqa, que significa tanto "camino" como "método", designa en el ámbito del sufismo a la hermandad sufí reunida alrededor de un maestro, con la particularidad de que ṭarīqa es un camino, sí, pero, etimológicamente, se trata de un camino nocturno, lo cual nos remite al viaje nocturno del profeta Muḥammad o al viaje a través de la noche oscura del alma. Sea como fuere, la ṭarīqa es una senda y la manera de transitar a través de dicha senda.

EN LA MECA, AMOR Y BELLEZA

Tras visitar El Cairo y Jerusalén, pasó dos años de intensas experiencias en La Meca, antes de encaminarse hacia Siria, donde se estableció hasta su muerte en 1240, no sin antes haber visitado, entre otros importantes centros del saber islámico, Bagdad, Alepo y Konya, la ciudad de Mawlānā Rūmī (1207-1273), verdadero alquimista del corazón y maestro de derviches, con quien tuvo un estrecho vínculo a través de la figura mediadora del persa Ṣadr al-Dīn Qunyawī (1207-1274), hijo adoptivo de Ibn 'Arabī y uno de sus más destacados intérpretes. En cierta manera, la misión de Ṣadr al-Dīn consistió en sistematizar el pensamiento de su padrastro, al tiempo que ayudó a suavizar aquellos puntos doctrinales de Ibn 'Arabī más difíciles de aceptar por buena parte de los hombres de religión de aquel tiempo, entre ellos muchos y destacados maestros sufíes. Y es que el pensamiento espiritual de Ibn 'Arabī no solo fue contestado, en mayor o menor grado, desde la jurisprudencia y la teología islámicas, sino también desde una parte del sufismo, tal como se da también hoy en día.

Sea como fuere, lo cierto es que la personalidad de Ṣadr al-Dīn ofrece el gran interés de constituir de algún modo, por sí sola, una encrucijada, según la feliz expresión de Henry Corbin,[10] al mantener contacto y servir de enlace entre distintas sensibilidades y personalidades espirituales de la época. Él fue, por ejemplo, el lazo espiritual —una conexión providencial— entre Ibn 'Arabī y Mawlānā Rūmī. Aunque natural de la ciudad hoy turca de Malatya, Ṣadr al-Dīn pasó buena parte de su vida en Konya, donde trabó amistad con Mawlānā Rūmī y su círculo sufí. La complicidad entre ambos fue muy estrecha, a pesar de sus diferencias respecto a cuestiones espirituales de fondo, las mismas que distanciaron al propio Mawlānā Rūmī del sabio murciano, como el papel reservado a la figura del profeta Muḥammad en la profetología de Ibn 'Arabī, y al talante un tanto diferente de ambos personajes. Una prueba de la particular relación que mantuvieron fue el hecho de que Mawlānā Rūmī expresara en vida el deseo de que Ṣadr al-Dīn dirigiera la oración de su funeral una vez muerto, cosa que sucedió, aunque no llegó a consumarse del todo, según los cronistas de la época, ya que, preso de la emoción, Ṣadr al-Dīn cayó al suelo desmayado nada más comenzar la oración.

No obstante, y más allá de cualquier otra consideración, es imposible obviar la común filiación espiritual existente entre Ibn 'Arabī y Mawlānā Rūmī. A primera vista, las enseñanzas de ambos gigantes del sufismo parecerían reflejar dos formas de espiritualidad radicalmente diferentes. Mawlānā Rūmī, por ejemplo, no muestra ninguna clase de interés por la filosofía y no repara en sus críticas a los filósofos. Del murciano se ha dicho que es el polo del sufismo cognoscente, muy influido por el neoplatonismo, mientras que al persa se le considera el polo del sufismo amoroso. Es indudable que ambos personifican dos tipologías psicológicamente diferentes, pero sería erróneo oponerlos en cuanto a su experiencia interior. Y es que, tal como puntualiza Henry Corbin:

> "(…) un mismo sentimiento teofánico inspira a uno y otro, una misma nostalgia por la belleza, una idéntica revelación del amor. Los dos tienden a la misma, 'conspiración' de lo visible y lo invisible, de lo físico y lo espiritual, en una unión mística en la que el Amado se convierte en el espejo que refleja el rostro secreto del amante místico, mientras que este, purificado de la opacidad de su ego se convierte recíprocamente en el espejo de los atributos y las acciones del Amado". [11]

Durante los años que residió en la ciudad sagrada de La Meca, cuna del islam histórico, tuvo Ibn 'Arabī algunas experiencias relevantes. La que más ha trascendido fue su encuentro fortuito —¡si es que en la vida de un walī hay algo fortuito!— con una joven de origen persa llamada Niẓām, mientras se hallaba dando las vueltas rituales alrededor de la ka'ba. Niẓām, cuyo nombre significa en árabe "orden" y "armonía", era hija de un noble maestro espiritual persa, originario de la ciudad de Isfahán, que ocupaba un alto cargo en La Meca. Mientras estuvo en la ciudad, Ibn 'Arabī fue acogido en el seno de tal noble familia. Tenía a la sazón treinta y seis años. Según narra el propio autor, en aquella joven persa se reunía de forma natural el doble don de la sabiduría espiritual y una belleza física fuera de lo común. Salvando las distancias, Niẓām significó para Ibn 'Arabī lo que Beatriz para Dante.

Dicho encuentro, otro encuentro providencial en la vida de Ibn 'Arabī, pone de manifiesto un par de rasgos muy particulares, presentes en algunos maestros del sufismo —en el ya citado Mawlānā Rūmī, sin ir más lejos—, rasgos que son un tanto difíciles de comprender desde fuera de la óptica sufí; por ejemplo, desde el cristianismo, cuya espiritualidad ha tendido a aparecer siempre de forma descarnada y afecta a un ascetismo en muchos casos extremo. Primeramente, que el amor humano es una propedéutica del amor divino. Y, en segundo lugar, que existe un estrecho vínculo entre la belleza y el amor. Y es que la belleza despierta el amor y el amor engendra la belleza.

Fruto de aquel encuentro epifánico con Niẓām es el libro de poesía El intérprete de los deseos, Tarǧumān al-ašwāq en árabe.[12] En él, Ibn 'Arabī, que es un gnóstico sufí con alma de poeta, muestra cómo la pasión amorosa se torna de forma progresiva en conocimiento del misterio de Dios. Y lo hace a través del único medio posible, la poesía, porque, como afirma el arabista Carlos Varona:

"Hablar directamente del 'misterio' es de alguna manera profanarlo, deshacerlo. La metáfora, la elipsis, son la única forma de aproximarse a él sin destruir ni desvirtuar su esencia, de ahí que sea la poesía y no el tratado teológico lo que emplea en este caso Ibn 'Arabī". [13]

Uno de los pasajes poéticos más celebrados del libro y, no obstante, no del todo comprendido, ya que no solo hace referencia a la tolerancia religiosa, como se afirma comúnmente, al menos no en primera instancia, sino a algo mucho más profundo, a saber, la capacidad receptiva del corazón expandido y vaciado de sí mismo del sabio sufí, dice así:

"Mi corazón adopta todas las formas: unos pastos para las gacelas y un monasterio para el monje.
(Él) es un templo para los ídolos, la Ka'ba del peregrino, las tablas de la Torá y el libro del Corán.
Sigo solo la religión del amor, y hacia donde van sus jinetes me dirijo, pues es el amor mi sola fe y religión". [14]

En realidad, dichos versos son la expresión culminante de su experiencia del tawḥīd o principio de la unidad y unicidad divina, según el cual nada es existente salvo Dios y, en consecuencia, solo Él es, porque fuera de Él, nos dirá el sabio sufí de Murcia, nada posee realidad propia. En el mundo no existe más que un único Sí que aparece refractado en la multiplicidad de todos los seres, personas y objetos existentes. Un Sí divino que constituye la identidad profunda de todo lo que existe. Y es que el fin de todas las cosas creadas está en Dios. Porque, mientras las cosas no pueden existir sin Él, Dios puede prescindir de la existencia de las cosas. De ahí que hablar de "unión con Dios" en esta sufí, como a veces se hace un tanto a la ligera, resulte contradictorio, puesto que presupone la existencia de dos entidades separadas donde, en puridad, solo hay una sola y única realidad existente, que es Dios.

SUFISMO, AMOR Y RIGOR

Ya en su tiempo, supo distinguir Ibn 'Arabī entre la amorosa pasión por la belleza propia de su vivencia sufí y la frivolidad de lo superficial y banal, algo que hoy, cuando se tiende a trivializar todo, incluso el sufismo, cobra una especial relevancia. Así se expresa respecto a quienes llama de forma despectiva "gentes del pandero y la flauta":

> *"Habla Dios en el Corán, sin referirse con ello a la pasión, censurando a quienes 'toman su religión como distracción y diversión' (Corán 7, 51), que son, en nuestro tiempo, los que se dedican a la llamada 'audición musical' (samāʿ), la gente del pandero y la flauta. Dios nos guarde del error y el desengaño".* [15]

Y añade, en tono de parodia:

> *"Por lo que toca a los sufíes que practican el ejercicio del canto religioso para provocar el éxtasis, realmente toman la religión como cosa de juego y divertimento. No les oyes decir otra cosa que '¡He visto a Dios y me ha dicho esto y me ha hecho lo otro!'. Pero si a seguida le preguntas, a ese tal, cuál sea la realidad mística que Dios le otorgó o el misterio que le reveló en su trance extático, no encontrarás en él sino un deleite sensible y una voluptuosidad satánica".* [16]

Ibn 'Arabī no tiene remilgos a la hora de señalar la desviación de algunos supuestos sufíes y de denunciar sus prácticas triviales, consciente de la necesidad de mantener una actitud rigurosa a la hora de iniciarse en la senda sufí. En ese sentido, no deja de ser significativa la definición que del sufismo ofrece en un breve librito acerca del lenguaje técnico empleado por los sufís. "El sufismo", afirma Ibn 'Arabī, "adhesión a la conducta [adab] prescrita por el derecho sagrado, exterior e interiormente. Es el carácter divino. El término puede aplicarse al cultivo de rasgos de carácter nobles, evitando los triviales". [17]

Dicho de otro modo, para Ibn 'Arabī, el sufismo es adab o cortesía espiritual. El sufismo es, antes que nada, el cultivo de la nobleza de espíritu (ajlāq), lo cual remite al hadiz del profeta Muḥammad en el que este afirma que "el islam todo él es adab". Sin adab es imposible acceder con garantías de éxito a planos superiores de la existencia, puesto que el adab, que no es sino interiorización del noble carácter del Profeta, es la llave que permite abrir puertas que de otro modo permanecerán por siempre cerradas. Muy posiblemente, fue tener adab lo que le permitió a Ibn 'Arabī convertirse en un intérprete sufí de las realidades divinas. Hoy, en unos tiempos de tanta confusión como los nuestros, en los que lo "raro" y también lo «místico» —¿o debiéramos decir misticoide?— llama mucho la atención, la advertencias de Ibn 'Arabī adquieren un nuevo valor.

EL CAMINO DE LA VERDAD SUPREMA

DEL ESTUDIO ESPIRITUAL A LA VIDA ESPIRITUAL,

SEGÚN EL MAESTRO ECKHART

DE ANNA CAIXACH

Ahora os pido que seáis de la misma manera [pobres de espíritu], para que entendáis estas palabras: pues, por la verdad eterna, os digo que si no os hacéis semejantes a esa verdad de la que ahora vamos a hablar aquí, no podréis comprenderme.

M. ECKHART

A lo largo de la historia ha habido maestros, enamorados de lo divino, con un claro deseo de liberarse de lo que no es real, que han recibido y transmitido la enseñanza del Camino de la Verdad. Mensaje esencial, atemporal y universal, que hallamos en el corazón y en el origen de todas las grandes tradiciones espirituales. Experiencia directa de nuestra naturaleza verdadera, transmitida de generación en generación a través de un largo linaje de sabios que han reconocido la libertad y la independencia de su propio ser —ilimitado e incondicionado—, y que comunican esta enseñanza reformulando la comprensión perenne, adaptada de manera única y específica a su entorno y momento concretos. Buda, Lao Tse, Jesús, Rumi, Hafiz, Ibn Arabi, Ramana

Maharshi y, por supuesto, Maestro Eckhart, solo por nombrar algunos, han reconocido la naturaleza eterna e infinita de su ser; realización resplandeciente que ya no va a poder quedar velada en ningún caso por el contenido de su experiencia humana. Indicándonos, a partir de su propia vivencia, que la paz y la felicidad que todos anhelamos se encuentra en, y de hecho es, nuestra naturaleza verdadera y divina. Siendo su enseñanza la vía a través de la cual podemos acceder a esa paz eterna. Es decir, su mensaje es una vía práctica hacia la Verdad —la verdad de nuestro ser— y el acceso a su paz innata.

Para Maestro Eckhart, reconocer esta verdad —realidad única, infinita, increada, eterna—, nuestra propia verdad —el ser eterno que somos, hemos sido y seremos para siempre—, nos producirá una alegría indefinible y absoluta, que nos inundará amorosamente en un vacío gozoso, espontáneo e inusitado, en el cuál no hay espacio para nada más que la presencia infinita de la Divinidad. Reposo en plenitud, transcendente e inmanente al mismo tiempo, que abraza dinámicamente su manifestación amorosa en el movimiento. Siendo el camino instruido por Eckhart una vía integral y directa, sin rodeos ni mediaciones, a nuestro ser verdadero. Vía que transciende toda religión, con una meta clara: la unidad con la Divinidad.[1]

En sus escritos, Eckhart anuncia transmitirnos la "verdad desvelada que ha surgido directamente del corazón de Dios" y nos advierte que para entenderla hay que hacerse semejantes a esa verdad.[2] Según Eckhart, poca gente va a poder comprender una verdad tan genuina ya que la manera establecida en la que vivimos cubre y nos aleja lamentablemente de esa verdad pura, impidiéndonos experienciarla. Así el saber espiritual supremo y sublime de Maestro Eckhart resultará ser fuente de gozo y de confusión al mismo tiempo; despertando una innegable atracción por el sabor profundamente auténtico en su mensaje, pero a la vez bañado inevitablemente por una notable y generalizada incomprensión y desconcierto. Y es que el gran maestro nos está recordando una verdad honda en nosotros que ha quedado velada por nuestras mismas creencias y hábitos, a los que estamos ciegamente apegados y de los cuales derivamos erróneamente nuestra supuesta identidad personal. Consecuentemente, el secreto divino transmitido por Eckhart solo podrá ser revelado en el silencio dulce y puro de nuestro fondo más íntimo, desnudo de todo atributo personal; en un viaje de despojamiento hacia nuestra naturaleza original y esencial —un país "lejano" y olvidado— recordándonos que "La verdad no se encuentra en las cosas exteriores [...] sino en nuestro corazón".[3]

Así, para llegar a la Verdad, siguiendo las indicaciones del sabio maestro, no va a bastar con escuchar la palabra divina, sino que deberemos "hacernos semejantes a esa verdad", disolviéndonos —es decir, disolviendo nuestra individualidad— en ese dulce silencio; fundiéndonos y haciéndonos uno con la Verdad. Proceso conocido como la "gran muerte" —en relación a la entidad personal que creemos ser—, o también indicado de manera más exacta como "gran renacimiento", "segundo nacimiento", "nacimiento divino" o "traspaso" —refiriéndonos aquí al reconocimiento de nuestra verdadera identidad—; "porque es en esa muerte donde surge la vida eterna".[4] Paso fundamental en toda tradición espiritual, pero evitado arrogantemente[5] en nombre de la supervivencia de la entidad personal que creemos ser.

Esta disolución en la unidad divina, propuesta por Eckhart y por todos los grandes maestros, de entrada puede parecernos sorprendente o extraña, pues aun siendo una vía directa hacia la Verdad —hacia nuestro estado natural—, es una comprensión esencial que solamente se ha mantenido viva en ciertos círculos de iniciados. Ocultada e ignorada por la mayor parte de la humanidad desde hace milenios, en interés, a veces inconsciente, de preservar el paradigma materialista imperante, en la creencia de que este es imprescindible para la supervivencia humana. Llegando a nuestro sistema actual, global y uniforme, basado en la ignorancia y la desconexión humanas, que perversamente no admite diversidad alguna en él, evitando así cualquier posible vía de escape.

Como veremos, Eckhart no nos está hablando de algo nuevo, sino de un proceso natural, innato en nosotros, que nos conecta con lo que somos realmente, nuestra naturaleza original; un retorno a lo primordial, a la Fuente, al Origen. Verdad esencial, que encubierta, ignorada y olvidada supone el verdadero origen del sufrimiento y conflicto humanos. Ciertamente en una sociedad y cultura tóxicas —basadas en el engaño y la apariencia—, que nos alejan de lo que somos, provocando inevitablemente una profunda herida existencial, la verdad va a ser siempre incómoda, provocadora y revolucionaria, amenazando la frágil continuidad de lo establecido. Y por supuesto la misma vanidad y miedo humanos, en un apego incondicional al sistema y a las creencias falsas que lo sostienen, van a ser el gran impedimento para reconocerla. Pues correctamente entendida, la verdad derrocaría las estructuras actuales de manera inmediata.

Y es así como la enseñanza esencial predicada por el osado Eckhart fue considerada peligrosa y declarada herética. De la misma manera que la enseñanza profunda transmitida por Jesús —otro gran maestro de la enseñanza de la Verdad—, recopilada en el evangelio según Tomás[6] —el mellizo espiritual de Jesús—, fue también prohibida y acusada por la jerarquía eclesiástica de la misma herejía predicada por Eckhart: transmitir la incómoda Verdad.[7] Pero por mucha tierra que se arroje encima de la Verdad —fuente viva en lo más profundo de nosotros— esta permanece siempre viva en sí misma. Así que una vez sacudida la "tierra" —es decir, todo apego terrenal—, que nos nubla la visión, la fuente manará de nuevo.[8]

La invitación radical[9] de Eckhart nos pedirá, por tanto, una serie de pasos previos o preparatorios, el primero de los cuales es descubrir el nivel de comprensión requerido para poder llegar a la verdad que nos transmite. Paso imprescindible para adentrarnos en su enseñanza, sumergirnos en el silencio divino y llegar a la visión directa de la verdad eterna, disolviéndonos dulcemente en la "unidad de la amada eternidad".[10]

Empezaremos entonces recuperando la antigua y olvidada distinción entre los diferentes grados de profundidad en el proceso de comprensión; que implicará evidentemente distintos modos de conocimiento. El primer nivel de comprensión, considerado el más superficial y más alejado de la Verdad, es la comprensión racional; proceso que implicaría solo una actividad intelectual. Esta comprensión supone una pequeñísima fracción de nuestra capacidad cognitiva, que incluye solo el pensamiento conceptual. Sistema operacional mental basado en la división sujeto—objeto, que supone una percepción a partir de la diferenciación, y que nos mantiene en la separación, es decir, en la dualidad.

Este es el tipo de conocimiento prevalente e imperante en nuestra sociedad actual, centrada en la adquisición y consumo rápido de contenidos, que finalmente acaban siendo solo capas que nos cubren para ocultar el gran miedo y desconfianza en los que se fundamenta el yo personal. El aprendizaje que implicará este primer nivel de comprensión será grabar, archivar información en la memoria para repetirla posteriormente. Simplemente añadir información. En vistas de las verdaderas capacidades del proceso de comprensión, este es un aprendizaje totalmente trivial. Una acumulación de datos que no es más que "ruido mental" que impide el silencio imprescindible para la revelación, anteriormente señalado por Eckhart. Como en un círculo vicioso, el gran apego cultivado en nuestra sociedad actual a este nivel de comprensión —fundamentado en nuestra identificación con la mente, creyendo que ese es el sujeto que percibe— va a impedir poder transcenderlo y llegar al verdadero sentido de la enseñanza. Significado profundo que en este nivel se mantendrá totalmente oculto.

En este primer nivel de conocimiento, la enseñanza espiritual de Eckhart quedará limitada a una comprensión literal y abstracta. Según el mismo Eckhart, en este nivel, simplemente teórico, no podremos discernir la verdad divina y continuaremos como "asnos"[11] en la ignorancia y el sufrimiento. Eckhart alerta del peligro que entraña la aproximación puramente teórica a los contenidos de la revelación. Especulación y abstracciones que nos alejan de la evidencia de nuestra experiencia directa —siendo esta la verdadera prueba de la realidad y el fundamento de nuestra libertad—, empujándonos al terreno ciego y esclavizante de la creencia. Llegando a confundir una conceptualización o interpretación mental de la realidad por la realidad misma. Olvidando la experiencia directa de la realidad y convirtiéndola en conceptos abstractos. El árbol que conmueve a algunos hasta las lágrimas de felicidad, es para otros simplemente un objeto verde que se interpone en su camino, afirma William Blake a partir de su propia experiencia. Pues no es en realidad el árbol lo que nos conmueve hasta la felicidad suprema, sino la presencia divina que resplandece amorosamente en el Corazón eterno del árbol. Ya no somos capaces de sentir la naturaleza esencial de lo que nos rodea. No sentimos su realidad, que según Blake y Eckhart, es infinita.

Así la verdad de lo que somos, la realidad de nuestra experiencia, ha ido quedando oculta por una creciente fascinación por la dimensión más irrelevante, racionalista—discursiva y materialista, perdiéndose la conexión directa entre la palabra y la experiencia a la que esa palabra señala. Confundiéndose el mapa con el territorio. Perdiéndose el vínculo de la palabra con la realidad a la que se refiere, quedándonos solamente en el nivel más superficial y banal de comprensión. Comprensión que en realidad nos mantiene alejados de la realidad y de lo que somos, gobernados por la mente conceptual —es decir, por mecanismos biológicos automáticos de defensa y supervivencia básica—, que nos desconecta dolorosamente de la Verdad.

Estaremos de acuerdo en que la palabra no es la cosa, sino un símbolo o imagen de ella. Hablar sobre conceptos o estudiar la historia de la espiritualidad no es la espiritualidad misma o experiencia espiritual, de la misma manera que estudiar el mapa no es lo mismo que transitar y sumergirse en el terreno. Hemos olvidado así la manera de acercarnos a los textos sagrados, pero también a la vida. Para Eckhart el estudio de la palabra es solo un primerísimo paso, un estadio inferior de comprensión, y añade que "en el sentido de la palabra así entendida, lo que obtenemos es muy poco".[12] Para quien no va más allá de este nivel de comprensión, la enseñanza le aparece llena de contradicciones y paradojas, que no llega nunca a despejar.

Recuperando un segundo nivel, hablaríamos de una comprensión más profunda, la comprensión sensible. Ha sido demostrado por la neurobiología actual que nuestro sistema cuerpo-mente está diseñado y orientado para sentir el mundo, más que para pensar sobre él. Sin desechar una primera comprensión intelectual, necesaria, puesto que esta es una vía incluyente en la que cada nivel contendrá el anterior, este segundo grado de comprensión implicaría también una experiencia a nivel de sensación. La comprensión sentida en el cuerpo provoca un cambio en la fisiología del cuerpo-mente hacia un estado de más seguridad, que refuerza la comprensión y la integración de lo aprendido en nuestra propia experiencia.

Es interesante ver las implicaciones de este segundo nivel de comprensión o modo de conocimiento en el campo de las relaciones. Comportará una escucha abierta y global, total, contemplativa, que es mucho más que oír o percibir, donde no solo participarían los órganos de la percepción, sino también el "corazón". Como se nos recuerda en las tradiciones de sabiduría perenne, se trataría de escuchar o acoger con el corazón; con el núcleo más profundo e íntimo en nosotros, el corazón de la consciencia que somos. En cierta manera podríamos decir que es como si la mente bajara al cuerpo y se fundiera en el corazón, en lo más hondo en nosotros, expandiéndose sin límites. Escucharíamos sintiendo el otro en el espacio más íntimo y profundo en nosotros, y a la vez ilimitado, disolviendo toda sensación de separación. Percepción contemplativa que se define de manera clásica como un "conocimiento impregnado por el amor". No nos referimos al amor personal emocional, sino al amor incondicional y genuino, es decir, la experiencia de disolución de la sensación de separación con el otro. Pasaríamos entonces de pensar al otro —a través del ruido mental condicionado que en realidad nos separa del otro— a sentirlo en el espacio silencioso, amoroso y sagrado del corazón. Sentir el otro en ti, en lugar de pensarlo, conceptualizarlo, analizarlo, juzgarlo. Como podemos apreciar, esta es una comprensión más cercana al silencio interior requerido para la revelación de la Verdad, indicado por el Maestro.

En el ámbito de la enseñanza espiritual, pasaríamos de solo comprender intelectualmente las palabras expresadas en la enseñanza a sentir la verdad subyacente a ellas. En la tradición cristiana lo encontramos también descrito como "ver con el ojo del corazón". Cuando la mente se sitúa en el corazón aparece este nivel de comprensión. Discernimiento necesario para caminar hacia la Divinidad. El corazón es capaz de comprender cualquier forma, más allá de las resistencias defensivas de la mente conceptual condicionada. Se trata de una mente contemplativa, expandida y fundida en el corazón de la consciencia que somos.

Como decíamos, las palabras del texto espiritual o sagrado, como un mapa, son indicaciones que hacen referencia a una experiencia: la revelación de la verdad divina, revelación de la esencia infinita de la realidad. De esta manera, en este segundo nivel empezamos a intuir la verdad de lo comprendido y esta comprensión nos orienta y prepara para la posterior vivencia unitiva de la verdad. Empezamos a sentir, intuir o "captar con el corazón"[13] la certeza de la experiencia indicada en la enseñanza. Pero es un error común en muchos buscadores, y consecuentemente en falsos maestros espirituales, quedarse en la superficie de esta comprensión, sin haber salido de la mirada intelectual apegada a las creencias, y creer que este es el máximo nivel de conocimiento. Creencia que impide ver más allá, manteniéndose aún en la ignorancia, la dualidad y en la identificación con el cuerpo-mente. Confundiendo desastrosamente pasos preparatorios, que aún nos mantienen en la aparente separación y diferencia, con la culminación de la enseñanza. Sin haber llegado a la comprensión última y haber descubierto el objetivo real de la enseñanza, cualquier práctica, por bienintencionada que sea, se convierte al mismo tiempo en el más grande obstáculo para llegar a la realización de la Verdad.

Solo en una entrega absoluta, superando la aparente dualidad creada por la mente humana, llegamos a la culminación del proceso de comprensión; el tercer y más alto estadio del proceso cognitivo, denominado comprensión espiritual, conocimiento directo, conocimiento verdadero, gnosis o visión pura. Esta es la comprensión requerida por Eckhart para llegar a la "verdad desvelada surgida directamente del corazón de Dios", que nos transmite en sus sermones, e implicará una experiencia directa de la Verdad. Única vía para llegar a la verdadera y completa comprensión de la enseñanza, en la cual, tal y como nos indica el profundo maestro, deberemos hacernos semejantes a la Verdad para así poder hacernos uno con ella. Este es un proceso de comprensión totalmente olvidado e incluso menospreciado por quienes marcan las directrices catastróficas de nuestra sociedad, cada vez más incoherente, superficial y banal, que premia el engrandecimiento y empoderamiento de la falsa entidad personal, creando una gran confusión y sufrimiento, y una desconexión total de nuestra seguridad y confianza innatas.

Como hemos indicado, los niveles superiores contienen a los inferiores, pero no a la inversa, así esta cognición superior no desecha los niveles anteriores, sino que los contiene como pasos preliminares. Para poder acceder al sentido verdadero de los escritos de Eckhart y no confundir un camino espiritual de unión con Dios con una tendencia intelectual o con una simple especulación filosófica, es necesario recuperar esta capacidad de comprensión.

La verdadera comprensión o comprensión espiritual no proviene de la especulación, sino de la vivencia directa. Igualmente podemos afirmar que no se alcanza la realización espiritual leyendo sobre ella o meditando sobre ella, sino solo en la experiencia directa. Conocimiento que implica una verificación en la propia experiencia. La vía espiritual no se puede transitar a través del pensamiento. El camino espiritual no se piensa, se realiza. Dios —la Divinidad, la Realidad, la Verdad— no es un concepto, es una vivencia; sentida plenamente en tu esencia, como tu misma esencia.

"El hombre no debe tener un Dios pensado ni contentarse con Él, pues cuando se desvanece el pensamiento, también se desvanece ese Dios. Uno debe tener más bien un Dios esencial que se halla muy por encima de los pensamientos de los hombres y de todas las criaturas. Este Dios no se desvanece, a no ser que el hombre voluntariamente se aparte de Él".[14]

El camino espiritual no es nunca un camino mental, es un camino de vida, una manera de vivir. Vivir en la Verdad. Este último grado en el proceso de comprensión va a implicar vivir la experiencia indicada en la enseñanza y por tanto nos llevará a la luminosa y absoluta certeza de su mensaje.

Solo habiendo llegado a esta comprensión última de la realidad, solo desde esa altura conquistada y vivida cotidianamente, uno podría compartir la enseñanza. Pero no siempre es así, sobre todo en la actualidad, en una sociedad en la que lo profundo incomoda y lo superficial se vende solo. Cultura convertida en un colorido mercado de "contenido apetecible" y titulares sensacionalistas.

El gran peligro y fraude más común que encontramos en ambientes actuales como el filosófico o el espiritual es hablar e instruir sobre el camino espiritual o sus prácticas meditativas habiendo solo leído o escuchado parcialmente sobre él y por supuesto sin haberlo realizado. Es decir, sin haber llegado a la verdadera comprensión. Desconocimiento imperante, evidenciado en un claro y manifiesto apego a la dualidad, extendido también a otros ámbitos. Habiéndose ampliado la oferta "espiritual" a los ambientes de salud, nutrición y todo tipo de terapias, desconociendo absolutamente estos profesionales el contexto de dichas prácticas

—vía de acceso a la unidad con la Divinidad—, así como su objetivo real —disolución de la identificación con el cuerpo-mente y establecimiento en nuestra naturaleza verdadera—, y la manera adecuada de realizarlas —maestría a la faz de la Divinidad. Vendiendo técnicas que nada tienen que ver con las verdaderas prácticas; convertidas en distracciones y ejercicios de relajación corporal, superficial y momentánea. Ineficaces pero engañosos —ya que solo cubren síntomas—, rápidos y atractivos, prometiendo un supuesto "bienestar personal" —aunque en realidad es esa entidad personal la que se tendría que extinguir con esas prácticas, para hallar la paz prometida—, y por supuesto asegurando un suculento aumento de la productividad. Ganando el apoyo perverso del sistema con subvenciones y publicidad falaz que crea una falsa sensación de credibilidad en aquel que las compra. Actividades que en realidad van a provocar todo lo contrario a lo que anuncian, reforzando y perpetuando la identificación con el cuerpo—mente y consecuentemente la dualidad, la separación, la ignorancia, la enfermedad, el conflicto y el sufrimiento. Situación reflejada en nuestra sociedad actual, en una condición de enfermedad e infelicidad permanentes.

Para aquellos que lo puedan reconocer, la comprensión directa y experiencial de la Verdad —y no la popularidad— será lo que distingue a un verdadero maestro de los demás. Como ya señalaba Eckhart, los verdaderos maestros son siempre maestros de vida espiritual. Ciertamente, las sabias palabras del sublime maestro nos recordarán persistentemente que "más vale un maestro de vida espiritual que mil maestros de la palabra".[15] Situando la experiencia espiritual directa como estadio superior de comprensión, por encima de la teoría y de la teología, emplazando estas —tal y como ya habíamos indicado— solo como primer paso en la comprensión.

Según Eckhart, la enseñanza del maestro de vida, enseñanza siempre experiencial, tiene que ver de manera directa con la experiencia de la vida perfecta;[16] declarando abiertamente su preferencia por esta experiencia espiritual directa e ininterrumpida, entendiéndola como culminación de la instrucción espiritual, posterior al mero estudio espiritual. Considerando, como hemos dicho, la comprensión intelectual —lectura y estudio de los textos sagrados— solo como un primer paso en la instrucción espiritual. Como nos dicen los grandes maestros, la comprensión intelectual solo puede llevarnos hasta la puerta, pero no nos sirve para cruzar el umbral y entrar dentro de la casa. Un "traspasar" [17] esencial indicado persistentemente por Eckhart, que solo será posible con la absoluta renuncia a la entidad personal que creemos ser. Proceso en el que el supuesto contemplador último, que escucha amorosamente, olvidado de sí mismo, es tocado por la llama del conocimiento y deviene llama, luz, conocimiento, Verdad. Unidad indisoluble, porque en realidad lo que desaparece no es la entidad personal —ya que en realidad nunca ha sido—, sino la ignorancia. Y cuando la ignorancia cesa, se alcanza la paz.

Cabe aclarar que para Eckhart la vida espiritual no tiene que ver con la vida eclesiástica o monástica, sino con vivir establecidos en nuestra naturaleza verdadera. Claramente, la vida espiritual es vivir en la verdad de lo que somos —por tanto es la vida verdadera y no ningún tipo de esoterismo o ideal inalcanzable—, en contraposición a la vida en la ignorancia o extravío: vida habitual en la que ignoramos lo que somos.

Para entender realmente de qué estamos hablando cuando utilizamos la palabra "espiritual" es necesario devolver a este término su claridad, simplicidad y profundidad originales. La espiritualidad, en su sentido original y primordial, significa establecernos en el espíritu —Dios,

Divinidad, Absoluto, Realidad, Verdad, o consciencia en lenguaje actual—, es decir, sentir y ser nuestra verdadera naturaleza, de manera deliberada y consciente. Experiencia directa de nuestro ser absoluto, de la verdad de lo que somos. Se trata de la espiritualidad originaria, primordial, esencial, simple, clara. Pura vivencia directa, desnuda, despojada y liberada de connotaciones históricas, culturales o religiosas. Experiencia directa de la Verdad, que se nos transmite desde hace milenios y que nos indica que solo existe una realidad, ilimitada e indivisible; un Ser en el que no hay otro; y que somos eso. Reconocimiento experiencial de nuestra identidad esencial y verdadera, que nos libera de los conceptos de tiempo y espacio, y nos establece en aquel "lugar" en nosotros inherentemente en paz y que es uno con todo. Donde saboreamos la eternidad. Esta es la esencia de toda enseñanza espiritual. Esta es la transmisión de los maestros de la Verdad. Por tanto, el verdadero legado de Maestro Eckhart, maestro de la Verdad, no pertenece al ámbito del pensamiento, sino que se dirige directamente al ámbito práctico y experiencial de la vida. Una manera distinta de vivir, en unidad con la Realidad. Así es como la espiritualidad, una manera de vivir totalmente conectada con la Verdad, que no tiene nada que ver con la religión o las creencias, sino con la libertad de lo que somos, es actualmente una propuesta inaceptablemente revolucionaria. Y por eso continua mayormente oculta.

Para Eckhart, la tarea del maestro de vida espiritual es enseñar los pasos en el camino hacia la vida perfecta o vida santificada, cultivando el arte divino y así alcanzar la Verdad:[18]

"Quien no tiene el arte de Dios no puede tener a Dios; y quien no tiene a Dios no puede conocer ninguna verdad, pues es Dios quien enseña toda verdad. Y esta es la razón por la que quien no está en Dios está en la mentira y sin ninguna sabiduría".[19]

Como vemos, la invitación del maestro espiritual es pasar del estudio de Dios a estar en Dios.[20] Solamente en este establecimiento en Dios —un Dios que es la realidad de lo que somos, nuestra naturaleza verdadera— se produce el conocimiento directo de la Verdad. Solo así llegamos a la verdadera sabiduría. Este es el gran salto que se nos propone. Pasar del estudio de Dios a establecerme en Dios, como Dios, descubriendo en mi experiencia que Dios y yo somos uno y lo mismo.[21] Esta es la Verdad. Y este es el mensaje de los maestros de la Verdad. Enseñanza perenne, esencial, desnuda y universal, que solamente ha sido comprendida por unos pocos.

Dios no es para Eckhart un objeto de discurso o debate, sino unidad, experiencia de no dualidad. No se tratará de estudiar a Dios sino de conocer a Dios en la unidad con Dios; estar en Dios, ser Dios. "Alguna gente simple se imagina que deberían ver a Dios como si estuviera allí y ellos aquí. Pero esto no es así. Dios y yo somos uno".[22] Este proceso de unión o unidad no es intelectual sino experiencial. Para comprenderlo no hay que estudiarlo, sino vivirlo. Como expone Eckhart, conocer a Dios es conocer la Verdad. La Verdad solo se conoce estando en Dios, es estar en Dios. Y estar en Dios es estar en la Verdad. La Verdad es la Divinidad y la Divinidad es la Verdad. Este nivel superior de comprensión va a devenir contemplación de Dios en Dios como Dios, y va a permitirnos vivir el proceso de unidad con la Verdad. La verdad de lo que somos y de lo que es. Por lo tanto, la culminación de la comprensión espiritual requerirá la experiencia previa del establecimiento y unidad con la verdad divina, tal y como nos advertía el sublime maestro.

Así, "quien no entienda este discurso no debe afligirse en su corazón. Pues mientras el hombre no se haga semejante a esta verdad, no lo entenderá; es una verdad des-velada que ha surgido directamente del corazón de Dios". Y también indica Eckhart que "como dicen los maestros, solo lo semejante tiene motivo para la unión con lo semejante".[23] Ya que "todas las cosas semejantes se aman recíprocamente y se unen entre ellas y todas las cosas desemejantes se rehúyen y se odian recíprocamente".[24] Pero en este proceso en ningún caso se va a tratar de adquirir algo nuevo, sino que es por el desocultamiento de la verdad en nosotros que nos asemejamos a la Verdad.[25] Es decir que la Verdad ya está en nosotros. No es algo distinto de nosotros. "Y cuanto más el hombre se des-nuda, tanto más se asemeja a Dios [la Verdad], y cuanto más se asemeja a Dios, tanto más se hace uno con él".[26]

Así, cuanto más nos desnudamos de aquello que cubre la verdad de lo que somos —atributos personales e ignorancia— más nos asemejamos a la Verdad o Divinidad.[27] Y cuanto más nos asemejamos a la Verdad o Divinidad, más nos unimos con ella. Y solo en esta unidad, en la que hemos descubierto la verdad de lo que somos —morando en Dios y disueltos en Dios, "pues en Dios no hay nada sino Dios"—,[28] se produce la comprensión espiritual suprema.[29] Esta comprensión supe-rior es la comprensión de nuestra naturaleza verdadera. La comprensión de que lo que somos realmente, nuestro ser ver-dadero, es idéntico al ser infinito de Dios. Conocimiento pro-fundo en el que morimos a nuestra identidad mental o con-ceptual para devenir uno con o ser revelados como la Realidad—Divinidad—Verdad. La Verdad es lo que somos. Así pues, la verdad de la que nos habla Eckhart, situado en un linaje milenario de maestros, es la verdad sobre nosotros mis-mos; el descubrimiento de nuestra naturaleza verdadera.

Esta comprensión suprema o conocimiento de uno mismo es el único conocimiento que no tiene lugar en la división sujeto—objeto —ya que no puedes conocerte a ti mismo como un objeto separado de ti— y por lo tanto, no está mediado por la mente. Nos lo advierte Eckhart: "Si queremos conocer a Dios [la Verdad], tiene que ser sin mediación".[30] Y el único conocimiento sin mediación, es decir, no mediado por la mente, es el conocimiento de uno mismo, de nuestra naturaleza verdadera. Este estadio superior de comprensión implica consecuentemente descubrir lo que somos realmente. Así, a diferencia de los dos niveles inferiores, la comprensión espiritual es un conocimiento en el que no hay dualidad. Es un conocimiento no dual o absoluto, en el que se revela aquello que se mantenía oculto en los otros dos grados de comprensión.

Vemos entonces que la mente conceptual no podrá nunca conocer la verdad última, verdad desnuda y pura, ya que el conocimiento de la Verdad es sin mediación, y solo podremos llegar a ella haciéndonos uno con ella. Así, la mente no puede acceder al conocimiento de la Verdad. Pues aquello que vemos está limitado por aquello a través de lo cual miramos, es decir, la mente. La naturaleza de aquello visto está siempre condicionada y limitada por la naturaleza del instrumento, la mente, a través del cual vemos. Si miramos la nieve a través de unas gafas con cristales de color rojo, la nieve aparecerá de color rojo. La nieve aparece en concordancia con el medio a través del cual es percibida. De la misma manera, la realidad aparece en concordancia con el medio a través del cual es percibida. ¿Cuál es este medio? La mente finita. Todo lo que percibimos está condicionado y limitado por el medio a través del cual es percibido. Consecuentemente a través de la mente no podremos descubrir nunca la naturaleza de la realidad. Porque la realidad siempre aparecerá de acuerdo con las limitaciones del medio a través del cual es percibida.

Por eso Eckhart nos recuerda que solo podemos percibir la unidad desde la unidad. Para percibir la unidad tienes que percibir desde la unidad, establecida en la unidad.

Por eso no podremos llegar nunca a la Verdad con la mente racional, ya que esta percibe a través de la división; su programación se fundamenta en la separación. Solo podremos llegar a la Verdad desde la Verdad, no desde la mente. Solo podemos conocer lo que somos siéndolo; establecidos en aquello que somos y unificados con aquello que somos. Esta comprensión sin mediación implica la libertad absoluta de ser. La dificultad o impedimento es nuestra identificación con la mente, dicho de otra manera, nuestra creencia de ser una entidad personal.

Aquello que creemos ser —el cuerpo—mente, persona humana— es el obstáculo que nos va a impedir el conocimiento de lo que somos verdaderamente. Como hemos dicho, la mente no puede comprender la Verdad. Lo único que puede hacer es rendirse y entregarse a ella. Por eso la Verdad solo es revelada en el silencio, en la disolución de nuestra identificación con el cuerpo-mente, es decir, en la disolución de la entidad personal. Este es el silencio que nos reclama Eckhart. Un silencio que no es exterior, sino interior y que describe como un desierto interior. Recordemos que el camino de la Verdad es una vía de disolución. Se trata del retorno al origen de lo que somos. El yo personal aniquilado o disolución de la mente, es decir de la individualidad, es la vía, sin mediación, que nos permite llegar a lo divino. Una propuesta que enfurecerá a quienes detentan el poder de esa mediación. El poder eclesiástico condenará estas prácticas y tratará de abolirlas prendiendo fuego a muchos de los textos que transmiten la Verdad, e incluso a algunos de los maestros y maestras que la predican.

Así pues, es a través del conocimiento de uno mismo, conocimiento directo, sin mediación, que llegamos al conocimiento de la Verdad eterna. Este proceso es también conocido como *gnosis*. Siendo este conocimiento —conócete a ti mismo— la máxima universal grabada en la entrada del templo de Apolo en Grecia, señalando los inicios de la civilización occidental moderna. Y este va a ser el punto crucial y determinante, e inicio del camino propuesto por los grandes maestros de la Verdad: descubrir lo que somos verdaderamente. Consecuentemente, la enseñanza se mantendrá oculta hasta que comprendamos lo que somos realmente. Y solo en esta comprensión suprema se revelará el sentido verdadero de las palabras de Eckhart, que devienen entonces una iniciación. Un significado que, como vemos y ya hemos indicado, no puede ser captado por la comprensión intelectual. En consecuencia, nuestra comprensión de Dios, la Realidad o la Verdad depende de nuestra comprensión sobre nosotros mismos. La profundidad en nuestra comprensión de la Verdad-Dios-Realidad dependerá de la profundidad de nuestra comprensión sobre nosotros mismos.

¿Cómo conocer mi naturaleza verdadera, mi ser verdadero? Siendo mi naturaleza verdadera. Entonces, el secreto será dirigirse hacia uno mismo. Es decir, establecerme en aquello que soy. Haciéndome uno con eso. Establecerme en lo que soy es conocer lo que soy. De esta manera, el autoconocimiento es el estado de establecimiento en mi naturaleza verdadera o contemplación. En lugar de estar establecida en la mente, identificada con una historia sobre lo que soy, me establezco en mi presencia verdadera. Como veremos, este establecimiento será el proceso central en la instrucción espiritual de Eckhart.

La vía de acceso a la Verdad se encuentra indicada en las mismas palabras de Eckhart; en la instrucción espiritual transmitida en sus escritos. Y así nos lo indica él mismo: "Que la Verdad de la que acabo de hablar, nos ayude a llegar a esta Verdad".[31] Para aquellos que quieren "concebir la verdad suprema y vivir en ella",[32] su enseñanza va a ser la vía que nos ayudará a llegar a la Verdad divina. Y la verdadera comprensión implicará que la enseñanza espiritual devenga nuestra experiencia directa de la realidad. Esta unión es la paz verdadera. "Porque, cuanto te has adentrado en Dios, tanto estás en paz, y cuanto [te hayas] apartado de Dios, tanto estás apartado de la paz".[33] Por lo tanto la palabra sagrada es solo un medio temporal para cruzar el río de la manifestación y llegar a la experiencia directa de la Verdad, origen de la manifestación o creación. El propósito de la palabra sagrada es finalizar todas las palabras y filosofías. En esta comprensión suprema desaparecen todas las aparentes contradicciones y paradojas, indescifrables en los niveles inferiores. Aquí la enseñanza se muestra en toda su claridad y esplendor.

La brillantez, la belleza y la lucidez de Maestro Eckhart provienen en gran parte de su capacidad de traspasar los cánones establecidos en lo que respecta a la comprensión de la realidad y a la aproximación a la Divinidad, transcendiendo toda dualidad. Eckhart, en su espiritualidad radicalmente no dual, nos va a indicar incansablemente la vía hacia la esencia divina en nosotros, para retornar a la unidad original, a la Fuente en la que "Dios y yo somos uno".

Como veremos, comprender de manera adecuada al Maestro, comprender la Verdad que nos transmite, exige una iniciación y en última instancia una experiencia directa de la unidad con la Divinidad. El presente escrito pretende hacer de puente hacia esa iniciación.

DE LA COMPRENSIÓN ESPIRITUAL AL VIAJE ESPIRITUAL. LA INSTRUCCIÓN ESPIRITUAL DE MAESTRO ECKHART

En sus discursos, Eckhart va a dirigirnos hacia la verdad de lo que somos, nuestra naturaleza original, transmitiéndonos los aspectos esenciales de este viaje de retorno a la unidad primigenia a partir de su propia experiencia en su viaje espiritual.[34]

Este es el objetivo de la prédica de Eckhart y el mensaje fundamental y nuclear de su enseñanza. Siendo esta la enseñanza que conocemos como el Camino de la Verdad. Para ello, en sus sermones, el sabio maestro nos ofrece reflexiones en base a la enseñanza de Jesús, soliendo partir de un texto bíblico, que cita a menudo con cierta libertad, aportando una visión original y normalmente alejada de las versiones convencionales. Evitando siempre quedarse en la interpretación superficial habitual, sentido exterior que califica de incorrecto e inútil, y que en muchas ocasiones contradecirá. Ofreciéndonos una visión mucho más profunda, revelando el sentido oculto, interior del texto; significado conectado con la verdadera comprensión de lo que somos. Considerando esta mirada profunda el procedimiento adecuado y justo para poder comprender la palabra divina. Siempre haciendo hincapié en los que considera los aspectos esenciales del viaje espiritual de retorno a la paz de la unidad divina. Su buceo inusual en las honduras de la enseñanza de Jesús lo sitúa, para aquellos no acostumbrados a la comprensión espiritual última o no dual, como un escritor y predicador "difícil". En realidad la complicación no está tanto en las palabras del maestro, sino en nuestra habitual "ceguera".[35]

En el conjunto de sus escritos no aparece la instrucción espiritual expuesta en forma ordenada o lógicamente continuada, sino dispersa en sus numerosas homilías. El estudio profundo a partir del corpus de la enseñanza espiritual de Eckhart nos ha permitido descubrir en ella el hilo profundo de la enseñanza de la Verdad, que atraviesa y es el fondo esencial de todos sus escritos y reflexiones, pudiendo visualizar entonces la instrucción completa de manera clara y coherente. No debemos considerar su enseñanza de manera aislada, sino que nos aproximamos a ella y la estudiamos dentro de la riqueza del contexto de la enseñanza del Camino de la Verdad, comprensión profunda no dual transmitida por los grandes maestros de su linaje. No empezar de cero nos permite no perder de vista el propósito real de la enseñanza, siendo este el retorno a aquello que somos verdaderamente y la posibilidad de vivir permanentemente en esa perfecta plenitud. Vemos en sus frecuentes repeticiones sobre ciertos puntos —resaltada en varios estudios— no una falta literaria, sino una insistencia por parte del maestro de la Verdad sobre los aspectos realmente importantes en la comprensión y en la práctica espiritual. Que como veremos, tendrán que estar presentes en nosotros incesantemente para nuestro progreso espiritual. De ahí la necesaria y agradecida reiteración.

En uno de sus sermones, "Del hombre noble",[36] Eckhart ilustra de manera exquisita el viaje espiritual a partir de la parábola de Jesús sobre el "hombre noble que marchó a un país lejano para adquirir un reino y regresó".[37] Eckhart se refiere a "la gran nobleza que Dios ha puesto en el alma con el fin de que el hombre llegue así maravillosamente hasta Dios".[38] Capacidad innata en cada uno de nosotros que cultivada siguiendo la instrucción eckhartiana, en concordancia con todos los maestros de la Verdad, nos permitirá llegar a la dulce unidad con la Divinidad —el Reino. Y establecidos en Dios, en la beatitud y dulzura de la Unidad original, descubriremos nuestra verdadera naturaleza, nuestra naturaleza divina. Denominada también como espíritu.[39] "El que no llega a esta unión del espíritu con Dios, ese no es verdaderamente un hombre espiritual",[40] no es un hombre noble.

Así, el hombre espiritual o hombre noble es aquel que busca la Verdad y emprende el viaje espiritual de retorno a su verdadera identidad, a su ser original, a la Fuente —ese "lejano" país—; despojándose de todo aquello que lo cubre, yendo de lo exterior a lo interior, para descubrir y establecerse en su naturaleza verdadera, adquiriendo así el Reino.[41]

Solo el que comprenda la enseñanza y transite el camino espiritual de retorno a la unidad original vivirá en la Verdad luminosa y obtendrá la paz eterna, mas el que no, el hombre identificado con el cuerpo-mente —hombre exterior—, continuará en el sufrimiento, viviendo en las tinieblas del error y en la ignorancia de su naturaleza verdadera.

Este es el viaje hacia la unidad con Dios o retorno a la Fuente, al que se referirá constantemente Eckhart en toda su enseñanza y del que nos irá dando en sus escritos las indicaciones sobre cómo realizarlo. Las palabras de Eckhart nos conducen a Dios, nos guían en el viaje de retorno a nuestro Reino. Esta enseñanza, enseñanza de la Verdad, está dirigida a todo aquel que quiere descubrir la Verdad, llegar a ella y vivir eternamente en ella.

Observemos que la cita del evangelio nos permite distinguir dos fases claras en el viaje. La primera parte del viaje es hacia el "país lejano" —nuestra naturaleza verdadera, pero oculta a nuestros ojos—, donde nos estableceremos en la verdad de lo que somos, adquiriendo el reino. Y la segunda parte del viaje es el "regreso": regreso a la vida sin abandonar el tranquilo "reposo en la riqueza y en la plenitud desbordante de la sabiduría suprema e inefable".[41] Vida santificada, que ahora estará bañada por la paz y el amor que emanan de la Verdad divina. Y este "regreso" no es un detalle sin importancia, al contrario, es una precisión valiosísima que indica en este camino el trayecto espiritual completo: yendo desde la vida humana hacia la esencia y posteriormente, desde y sin abandonar la sabiduría suprema de la esencia, de vuelta a la vida, abrazándola amorosamente en una apertura incondicional e infinita. Complitud que permitirá la comprensión espiritual y la verdadera culminación del camino espiritual. Esto hace de esta instrucción una vía espiritual inclusiva, integral y completa, y muestra la gran madurez espiritual de los maestros de la Verdad.

Podríamos describir la primera parte del viaje como el camino hacia Dios y la segunda como el camino en Dios. Veamos cómo Eckhart nos guía en este camino sagrado y nos instruye sobre cuáles son los pasos preparatorios y necesarios para llegar a la unidad suprema y a la culminación de la instrucción, en lo que Eckhart, nuestro maestro de vida espiritual, llamará *la vida perfecta.*[42]

En la primera fase del camino tenemos tres pasos, con una primera culminación en la unidad con la Divinidad. Y luego tenemos dos pasos más en la segunda fase del proceso, con su culminación final en la vida perfecta o espiritual. La primera fase es preparatoria e implicará "hacerse semejante a la Verdad", ese es el camino hacia Dios. Llegando a la cima de la primera fase en la que nos "haremos uno con la Verdad", o uno con Dios. Y finalmente, sin abandonar la unidad suprema, la culminación del camino espiritual será realizada con la integración de la Verdad, que impregnará y bañará por completo nuestra vida humana, en la vida perfecta, santificada, espiritual, no dual. Siendo este el camino en Dios. Todos los pasos son imprescindibles y cada uno hace posible al siguiente. Se trata de aspectos esenciales totalmente entrelazados y que solo complementándose entre ellos incesantemente pueden llegar a completarse. Finalmente el flujo interior que los contiene a todos estará presente de manera ininterrumpida en nosotros.

ORIENTACIÓN INTERIOR

El primer paso preparatorio en la fase inicial, primer paso hacia Dios, es orientarnos hacia Él. Esta inclinación hacia lo divino es la cualidad que hace noble al hombre; primer requisito que nos permitirá llegar a Dios, a la verdad de lo que somos. Para Eckhart es fundamental retirar nuestro interés en el hacer y dirigirlo hacia el ser: "La gente nunca debería pensar tanto en lo que tiene que hacer; tendrían que meditar más bien sobre lo que son".[43] Es decir, se trata de permitir suavemente que nuestra atención se retire o deje de interesarse por las cosas exteriores —pensar, percibir, actuar y relacionarnos—, con las que habitualmente estamos apegados e identificados, y retorne y se relaje en el silencio dulce de nuestro fondo más íntimo y puro, su origen; nuestra verdadera identidad. Recordemos que "la verdad no se encuentra en las cosas exteriores [...] sino en nuestro corazón". Con la práctica, esta suavidad hacia nuestro interior estará presente de manera incesante.

Para superar la primera dificultad que va a aparecer —el olvido—, tendremos que cultivar lo que llamamos el anhelo o aspiración interior o esencial, que solo puede fundamentarse en nuestro amor por la Verdad. Un anhelo amoroso, que a medida que va emergiendo, va a ser irreprimible, ya que en realidad es una tendencia natural en nosotros el regresar a aquello que somos originalmente, a nuestra condición original. Y así lo predica Eckhart:

"Todas [las criaturas] claman por volver de nuevo [al interior] de donde han fluido. Toda su vida y su ser es un clamor y un ansia por regresar a aquel del que han salido".[44] [...] "Todas [las criaturas] experimentan la necesidad de elevarse de su vida a su esencia".[45]

Porque "es para esta unión para lo que Nuestro Señor ha creado al hombre".[46] Y es en esta unidad original con nuestra naturaleza esencial y divina —que es nuestro estado natural—, donde hallamos la paz imperturbable y verdadera.

Como indica Eckhart, el primer paso para orientarnos hacia Dios es centrarnos en Dios. Pero el pensamiento de Dios es solo el inicio, simplemente un recordatorio, una ayuda. Sabemos que Eckhart no nos está pidiendo un Dios pensado sino plenamente sentido en nuestra esencia y que no nos apartemos nunca de Él.[47] Cualidad que se desarrollará progresivamente en nuestra profundización tanto en la práctica como en nuestra comprensión.[48]

Eckhart advierte que la orientación hacia Dios tiene que devenir un "querer divino".[49] Ya que Dios solamente realiza su obra en un "alma divinamente amorosa",[50] amorosa a la Divinidad. El vínculo con la Divinidad es la entrega amorosa, incondicional y absoluta. Pues solamente va a aparecer la constancia necesaria si nos enamoramos de esta entrega interior, y la deseamos por encima de cualquier otra cosa. Así pues, para progresar en este primer paso necesitaremos fervor y amor:

"O quien ama una cosa ardientemente [y] con todo fervor, de modo que no le gusta ninguna otra ni lo afecta en el corazón fuera de esta [la amada], y solo aspira a ella y a nada más: de veras, a este hombre, dondequiera y con quienquiera que esté o cualquier cosa que emprenda o haga, nunca se le apagará en su fuero íntimo aquello que ama tan entrañablemente, y en todas las cosas hallará justamente la imagen de esa cosa y la tendrá presente con tanta más fuerza cuanto más fuerte sea su amor".[51]

Así, nuestra atención empieza a enamorarse del retorno hacia el reposo en la Divinidad, apertura interior infinita. Este deseo ardiente, si es realmente sincero, quemará todos los demás deseos. Por otra parte, solo en un amor incondicional a la Divinidad sentiremos la confianza absoluta imprescindible para el proceso de entrega y disolución en Dios. Solo amando a Dios, y a Dios solamente, podremos llegar a Dios.[52] Eckhart es contundente y osado al respecto, y admite que por sus afirmaciones lo podrían lapidar, asegurando que "lo que el hombre ama, eso es el hombre". Si ama una piedra, es una piedra, si ama a un hombre, es un hombre. Si ama a Dios […], entonces él sería Dios".[53]

Pero cuidado, Eckhart no está diciendo que la persona humana sea Dios. Porque en este amor divino el yo personal, la entidad personal que creemos ser, está totalmente disuelta en la Divinidad, para, de esta manera, revelarse nuestra naturaleza verdadera, divina. Así el primer requisito para llegar a Dios es amar a Dios. No querer otra cosa que la Verdad. Porque la paz que anhelamos la encontraremos solo en nuestra entrega incondicional a nuestra naturaleza esencial. Una actitud interior que, por otro lado, no compromete en absoluto nuestra acción en el mundo y que no supone nunca una huida de las cosas exteriores:

"Esta [actitud] no la puede aprender el ser humano mediante la huida, es decir, que exteriormente huya de las cosas y vaya al desierto; al contrario, él debe aprender [a tener] un desierto interior dondequiera y con quienquiera que esté".[54]

Cuestión muy importante y aún muy incomprendida en el contexto espiritual. Como ya habíamos dicho, Eckhart no nos propone una vida recluida o monástica, sino una vida activa. No hay que retirarse al desierto. No tenemos que rechazar la experiencia humana. Según el sabio Eckhart, para una verdadera culminación del camino espiritual tendremos que encontrar el desierto en nuestro interior, en medio de nuestra experiencia humana. Un interior desértico, silencioso, completamente vaciado de nuestros apegos a la vida; quieto y vacío, para poder recibir a la Divinidad en toda su plenitud. Así que no hay que rechazar la vida humana sino nuestro interés exclusivo por ella, nuestro apego a ella y nuestra identificación con ella. Lo fácil sería irse al desierto y apartarse de la vida activa, en lugar de mantenernos en ella, pero desapegándonos de ella y de nuestra creencia de ser la persona humana, encontrando en nosotros el desierto interior o consciencia infinita, vacía y pura.

Este aspecto nos muestra la inusual profundidad e integralidad de esta vía espiritual, conteniendo la comprensión última de la sabiduría suprema de la enseñanza de la Verdad, y que incluye e integra al mismo tiempo toda nuestra experiencia humana, en una plena apertura a ella. Vía que aparece en la comunión de la sabiduría y el amor. En realidad, nuestra apertura al mundo será un reflejo directo de nuestra apertura a la Divinidad. La apertura verdadera es una apertura sin dirección, sin resistencias, sin preferencias. Un sí universal a todo lo que aparece en mí.[55] Y esta en realidad va a ser la prueba visible y la certeza de nuestra entrega sincera y completa a la Verdad, una incesante apertura, incondicional y amorosa a la vida.

No hay que olvidar que esta entrega absoluta a la presencia divina en nosotros,[56] —presencia silenciosa y atenta, que es nuestra naturaleza verdadera—, hay que practicarla, como en el aprendizaje de cualquier arte, señala Eckhart. Hasta adquirir la maestría, deviniendo la entrega a Dios un flujo espontáneo e incesante, que bañará por completo nuestra experiencia humana. Este es el secreto del éxito de la práctica espiritual, que sea ininterrumpida.

En los pasos siguientes, este flujo de atención interior, pacífico, amoroso y silencioso, que iniciamos con nuestra orientación amorosa a Dios, devendrá el flujo de establecimiento interior. Porque según Eckhart la entrega a Dios ha de ser incesante. "El tiempo vendrá y ya está aquí, en que los verdaderos adoradores[57] no adorarán solamente en el templo o en la montaña, sino en espíritu y en la verdad de Dios". Esta es la contemplación verdadera, continúa Eckhart, el establecimiento permanente en Dios, en la consciencia infinita, "sin cesar y en todo lugar y en todo tiempo".[58] Una nueva manera de vivir.

Gradualmente la aspiración va a devenir un desear a Dios por encima de todas las cosas, en todo momento. Un "deseo infinito de unión con Dios",[59] en el que todo lo que pienso, todo lo que siento, todo lo que digo y todo lo que hago tiene el propósito único de sentir la dulce unidad con la Divinidad. Porque como nos advierte Eckhart, aquello a lo que aspires, si no es Dios en sí mismo, será un obstáculo en el camino hacia Dios.

"Debes tener un corazón que se eleve, no un corazón que descienda hasta tierra, un corazón ardiente, en el que, sin embargo, reine una inalterable y silenciosa paz".[60] Confianza, devoción, amor, dedicación, y una clara determinación para no ceder a las distracciones y fluctuaciones de la mente harán posible la paz silenciosa e inalterable en nuestro maravilloso desierto interior. Nuestro verdadero compromiso es con Dios únicamente, no con el mundo. Y solo en este amor incondicional, se abre el desierto divino. "Nadie podrá poseer a Dios, en gran manera, si no ha muerto profundamente a este mundo".[61] Nuestro interés en el mundo traiciona nuestra entrega al "abismo eterno del ser divino". Son direcciones opuestas y excluyentes. No nos engañemos. Según reconoce Eckhart, hay que "dar la espalda a la humanidad" para poder mirar hacia Dios.[62] No puede ser al mismo tiempo poseer a Dios, que es la Verdad, y poseer a las criaturas, que son la falsedad.[63] Esta es la importancia crucial de este primer paso, cultivar nuestra mirada amorosa hacia el interior. La progresión en los siguientes pasos del proceso espiritual hará que nuestro anhelo por la Verdad acabe cubriendo por completo los habituales apegos terrenales.

COMPRENSIÓN Y DISCERNIMIENTO

Una vez cultivada la nobleza, el hombre, noble, ya está preparado para emprender el viaje hacia el "país lejano". Como hemos dicho, el país lejano es nuestra verdadera naturaleza, nuestro ser verdadero. Así que la comprensión de lo que realmente somos, fundamental en este proceso ya que es nuestro destino, marcará el verdadero inicio del viaje espiritual de retorno a nuestra condición original y esencial.

Para llegar a la verdadera comprensión de lo que somos —segundo paso en el camino espiritual— partamos de quien es el maestro de Eckhart. Jesús presenta su enseñanza a los iniciados diciendo: "El que encuentre la interpretación de estas palabras no gustará la muerte. [...] El que busca no debe de cesar de buscar hasta que encuentre; cuando encuentre quedará estupefacto, se maravillará y reinará sobre el Todo". Añadiendo que "cuando os conozcáis a vosotros mismos descubriréis el Reino".[64] Es decir, que el que descubra su verdadera identidad, se maravillará, habrá adquirido el Reino y no morirá. Porque lo que somos, asegura Eckhart, es maravillosamente eterno. Y por tanto no puede morir jamás. Nuestro ser verdadero es el ser eterno de Dios, el ser eterno que hemos sido y que ahora somos y que seremos para siempre, afirma el gran maestro, siempre fiel a la Verdad.[65]

¿Pero cómo llegamos a la comprensión de que lo que somos es eterno? La enseñanza de la Verdad nos transmite un proceso de reflexión simple para discernir entre lo que somos y lo que no somos. Está claro que el mundo es percibido por mí y que yo soy aquello que es consciente de la percepción del mundo. Yo no puedo ser nada de lo que es percibido por mí, ya que yo soy quien percibe o es consciente de mis percepciones. Por tanto, todo aquello que es percibido por mí no es lo que soy. Yo soy quien percibe, no lo percibido. Así pues, no soy mis percepciones, no soy mis pensamientos, ni mis recuerdos, no soy mis emociones, no soy mis sensaciones, no soy el cuerpo, no soy la mente,[66] ya que todo eso es percibido por mí. ¿Qué es ese mí?

Discernimos todo aquello que es percibido de aquello que percibe o es consciente. Aquello que percibe o es consciente eres tú, consciencia; no tú, el cuerpo-mente, ya que el cuerpo-mente es percibido por ti. Tú no eres el cuerpo-mente. Tú eres quien percibe el cuerpo-mente. Eres esa consciencia que percibe la experiencia del cuerpo-mente. Eres esa consciencia que percibe la experiencia del cuerpo-mente-mundo, es decir, sensaciones, emociones, pensamientos y percepciones. Consciencia en la que aparece y desaparece la experiencia del cuerpo-mente-mundo o experiencia humana. Consciencia siempre presente y anterior a la aparición del cuerpo-mente, ya que la consciencia tiene que estar presente para poder percibirlo. Consciencia ilimitada y siempre presente, o lo que es lo mismo, infinita y eterna. La consciencia, infinita y eterna, es nuestra naturaleza verdadera. Es la luz que hace cognoscible nuestra experiencia humana. La luz del conocer puro o consciencia.

Pero la presencia consciente que somos se mezcla con el contenido de su experiencia humana y aparece así una sensación de individuación, que proviene de la mente. Creándose patrones y hábitos que reforzarán y mantendrán esta asociación de lo que somos con el contenido de la mente, así como nuestra identificación con la sensación de separación e individualidad y la creencia de ser una entidad separada, personal, finita y temporal. La primera asociación que sostiene esta sensación de individuación es la asociación con el cuerpo. Y en este proceso se produce un fenómeno de identificación. Es como si la consciencia de atención, consciencia que es consciente de la experiencia, se olvidara de sí misma y adoptara el contenido de la mente. Entonces, allí donde no había ninguna individualidad, una personalidad toma forma. Así pues, lo que llamamos la "persona" en realidad es una entidad ilusoria que aparece con nuestra identificación con el cuerpo-mente. La consciencia que somos, pura, eterna, infinita, se viste con la experiencia humana y parece devenir una persona humana. Como dice Eckhart, ese devenir es temporal y perecedero, y está destinado a morir, pero lo que somos es eterno. Es como haberte puesto una chaqueta y creer que eres la chaqueta.

Para indicarnos lo que somos, con una mirada siempre pedagógica, Eckhart nos habla de dos posibilidades en nosotros, que diferencia como el hombre interior y el hombre exterior, que considera tan distintos y alejados entre ellos como lo están el cielo y la tierra. El hombre interior o celeste indica nuestro establecimiento en la consciencia que somos, y el hombre exterior o terrestre indica nuestro habitual establecimiento en el cuerpo-mente. Y afirma Eckhart que "el hombre es un hombre celeste".[67] Según Eckhart, en el hombre interior habita la verdad y en el hombre exterior, la mentira.[68] El hombre interior o espíritu —consciencia infinita— es descrito como un hombre celeste, nuevo, joven, noble, amigo, y es nuestra naturaleza verdadera y eterna, siempre presente. Al hombre exterior o carne lo describe como el hombre viejo, servil, terrestre, enemigo, mentiroso; naturaleza temporal de todo lo creado, nuestra experiencia humana, que aparece y desaparece.[69] Eckhart insistirá en que nuestro ser es eterno, pero nuestro devenir, en nuestra identificación con el cuerpo-mente —la criatura, lo creado o manifestación, es decir, la persona humana que creemos ser—, es temporal. Y advierte que reconocernos como criatura nos hace infelices y que, en cambio, reconocernos como espíritu nos hace bienaventurados. Así es, somos la felicidad que anhelamos. El Reino, plenitud, felicidad eterna, está en nosotros.

Asegura Eckhart, como hemos mencionado, que lo que creemos ser —que, de hecho, es lo que nos cubre, y vela nuestra paz innata— y lo que en realidad somos, son "realidades tan distintas como el cielo y la tierra".[70] Realidades tan distintas y alejadas como lo finito de lo infinito, lo temporal de lo eterno.

Como hemos dicho, no se tratará de comprender lo que somos únicamente a nivel intelectual, sino de vivir la experiencia directa de la Verdad. Sentir nuestra verdadera naturaleza de consciencia infinita y experienciar incesantemente y con certeza absoluta la realidad de lo que somos. Así, esta comprensión tiene que penetrar amorosamente cada rincón de nuestra experiencia y convertirse en el fundamento, la base de nuestra vida. Tenemos que quedar absorbidos por esta verdad, en la inevitable —pero siempre gozosa— disolución de la entidad personal en el océano infinito de consciencia. Así pues, esta comprensión no será plena hasta que no se haya producido el siguiente paso, el establecimiento en nuestra naturaleza verdadera. Establecimiento en la unidad suprema, contemplación de Dios en Dios como Dios, experiencia directa de lo que somos. Este es el aspecto central en la instrucción espiritual eckhartiana.

ESTABLECIMIENTO INTERIOR A TRAVÉS DEL DESASIMIENTO Y DE LA POBREZA INTERIOR

Volvamos al motivo bíblico del hombre noble. Sabiendo que el "país lejano" es nuestra verdadera identidad y habiendo comprendido cuál es nuestra verdadera naturaleza, ahora tenemos que dirigirnos hacia ese "país", donde nos estableceremos y habitaremos en nuestro ser original, adquiriendo así el Reino. El establecimiento en la unidad con nuestra naturaleza divina —consciencia infinita— es el tercer paso y culminación de la primera fase del viaje espiritual, del camino hacia Dios.

¿Cómo llegamos a ese establecimiento, a esa unidad primigenia con la Verdad? Dice Eckhart, citando a Jesús, "nadie llega al Cielo que no venga del Cielo".[72] Entonces, para llegar a la Verdad —Cielo, reino, consciencia— tenemos que "venir de la verdad", es decir, estar establecidos en la Verdad. La vía para llegar a la Verdad es establecerme en esa Verdad. Y para establecernos en la Verdad recordemos que nos tenemos que hacer semejantes a la Verdad. Ya que solo lo semejante tiene motivo para unirse con lo semejante. Y para hacernos semejantes a la Verdad suprema, eso que en realidad ya somos, pues es nuestra naturaleza verdadera, tenemos que despojarnos y desasirnos de todo aquello con lo que nos hemos vestido, la experiencia humana. Porque "cuanto más el hombre se desnuda, tanto más se asemeja a Dios,[73] y cuanto más se asemeja a Dios, tanto más se hace uno con él".[74]

Entonces tendremos que desasirnos de todo aquello que es desemejante a la consciencia infinita y eterna que somos, es decir, de todo aquello finito y temporal. Y solamente así retornaremos, o mejor dicho, quedará revelada nuestra condición original, siendo uno con la Verdad. Por lo tanto, el viaje al país lejano es en realidad el trayecto interior de establecimiento en mi naturaleza verdadera de consciencia pura, no dual, infinita y eterna. Partiendo de la creencia y la sensación de ser la persona humana —identificado con el cuerpo-mente— a establecerme en el espacio infinito de consciencia, sintiendo que esa es la realidad de lo que soy. Este es el viaje del hombre noble o espiritual al país lejano, el viaje interior, el viaje espiritual. Y se realiza simultáneamente a través del desasimiento o despojamiento de todo aquello que no soy y de la entrega plena a lo que soy.

En este retorno a la perfección de mi origen, a la sabiduría primigenia, atravieso las capas de experiencia humana —pensamientos, emociones, percepciones, sensaciones— con las que me había identificado, despojándome de ellas sabiendo que no me pertenecen ni me definen, para establecerme en el fondo infinito de consciencia pura, anterior a ellas; la suprema beatitud. "Tenéis que saber: toda nuestra perfección y bienaventuranza depende de que el hombre atraviese y supere toda la creaturalidad, toda temporalidad, todo ser y penetre en el fondo sin fondo".[75] Y ese atravesar[76] las capas de experiencia humana para retornar a lo que somos y penetrar en el fondo divino, según Eckhart, es el trayecto más noble.[77] Es el viaje del hombre noble de retorno a su origen, el país olvidado. Así que el país "lejano" en realidad no es lejano en el espacio, sino que está más que cerca, aunque es completamente desconocido. Es el aquí infinito, el fondo sin fondo. Un viaje de lo exterior a lo interior, de lo superfluo a lo esencial, atravesando la temporalidad, para llegar al fondo divino y eterno que somos. Aquello que es anterior a la experiencia humana —su Origen, su Fuente—, que es también aquello que conoce la experiencia humana, aquello donde aparece la experiencia humana y aquello de lo que está hecho la experiencia humana.

Un camino que no es camino, ya que en realidad no hay distancia entre tú y tú mismo. Un transitar desde el plano horizontal del tiempo, que es solo un hábito mental, para sumergirnos en el plano vertical de la profundidad, en el ahora eterno. Desde lo finito —el cuerpo-mente o persona humana que creemos ser— a lo infinito —consciencia ilimitada que somos. Este viaje implica salir de la temporalidad para llegar a la eternidad, "pues nada es tan contrario a Dios como el tiempo", que niega la realidad eterna y "nos impide la luz".[78] Ciertamente tenemos que dejar ir todo aquello temporal para poder abrazar la eternidad. Salir de lo que creemos ser, el hombre terrestre, para que se revele lo que somos verdaderamente, el hombre celeste. "Bienaventurados los que comprenden estas palabras porque de ellos es el reino de los cielos".[79]

Según Eckhart, después de una búsqueda "seria y fervorosa" sobre "cuál es la más alta y mejor virtud por la cual el hombre puede unirse mejor y más rápido con Dios",[80] es decir, la vía para llegar al establecimiento en la unidad primigenia con la Verdad, "si considero todas las virtudes, no veo ninguna tan inmaculada y tan capaz de unir a Dios como el ser separado".[81] [...] "Ese ser separado inmóvil conduce al hombre a la mayor igualdad con Dios".[82] Por lo tanto, el desasimiento es la vía más directa para hacernos semejantes a la verdad que hemos olvidado. Es "la entrada íntima a la naturaleza divina, en donde todas las cosas se aniquilan".[83] Pues para llegar a la pureza original, uno tiene que desprenderse de todo y "desasirse de sí mismo hasta no retener ya nada propio".[85] "Quien quiera llegar a ser lo que debería ser debe dejar lo que es ahora".[86] El desasimiento es la virtud suprema que disuelve los obstáculos en el camino interior y nos permite el retorno a la unidad con la Divinidad. Y en ese separarme y desasirme por completo de la experiencia humana, en una libertad y paz gozosas, reposo dulcemente en mi naturaleza infinita y eterna.

El desasimiento o desapego es la práctica fundamental en todos los caminos espirituales de todas las tradiciones y es una cuestión habitual en los sermones de Eckhart. "Cuando predico, tengo la costumbre de hablar del desapego[87] y de decir que el hombre debe estar desapegado de sí mismo[88] y de todas las cosas".[89] "Y eso es lo que dice Nuestro Señor en toda palabra, cuando dice: "un hombre noble marchó", pues el hombre tiene que salir de toda imagen y de sí mismo y alejarse y hacerse extraño a todo, si ciertamente quiere recibir al Hijo y llegar a ser el Hijo en el seno y en el corazón del Padre".[90] El desasimiento empieza por desapegarnos de nuestra creencia y sensación de ser una persona humana. Todos nuestros apegos tienen este apego central en su raíz. Todos provienen de ese primer apego. Pero para poder desapegarme de la entidad humana tengo que darme cuenta experiencialmente, una y otra vez, y en cualquier situación, de que eso no es lo que soy.

Así, nuestra creencia y sensación de ser la persona humana, profundamente enraizadas en nosotros, cubre y vela nuestra naturaleza verdadera, impidiéndonos la experiencia directa de nuestro ser prístino. Siendo esta creencia el gran obstáculo en nuestro progreso espiritual. Porque "la luz verdadera brilla en la tiniebla, pero no es conocida".[91] Lo que somos siempre está, siempre brilla, pero en nuestra fascinación exclusiva por la entidad personal y su mundo, no somos capaces de sentirlo. Todo en esta experiencia humana, en la creación, "incluso lo supremo y lo mejor que ha sido creado y hecho cubre y oscurece la imagen de Dios en nosotros. "Quita las escorias de la plata", dice Salomón, "entonces brilla y resplandece, entre los otros, el vaso más puro [Prov 25, 4]: la imagen, el Hijo de Dios, en el alma".[92]

Así pues, lo que parecía tan lejano en realidad no puede estar más cerca, ya que es nuestra propia naturaleza. No hay que añadir nada, sino bucear en nuestra interioridad y acercarnos a esa quietud íntima, que se encuentra debajo de "la escoria" que nos cubre, "despojarnos de la criatura", de todo el contenido de nuestra experiencia humana —pensamientos, sentimientos, emociones, sensaciones, percepciones, acciones y relaciones—, y ser como éramos originalmente, antes de habernos mezclado con la experiencia humana. Perfecto ser desasido.[93] Vacío. Apertura. Quietud. Plenitud. Reposando en la unidad eterna: "Uno con uno, uno de uno, uno en uno y en uno uno eternamente".[94]

Pero en su engaño, el mundo quiere que vayas hacia fuera. Y sin embargo, el Corazón te estira dulcemente hacia dentro. Porque "tu corazón debe estar cerrado a todo lo creado" para poder recibir a Dios.[95] Y así lo indica también Jesús: "Si no ayunáis del mundo, no encontraréis el Reino".[96] Ya que cuando "sale el hombre de sí mismo hacia las criaturas", sale de la unidad original y se pierde en la aparente dualidad. Para Eckhart, "La unidad es la eternidad [Dios], que se mantiene siempre sola e inmutable. La dualidad, es el tiempo, que cambia y varía" y que nos impide sentir nuestra naturaleza divina, no dual. Cuando nos establecemos en Dios experienciamos la unidad o no dualidad, pero cuando nos identificamos con la experiencia humana, estamos en la dualidad y en el sufrimiento, en el error y en la ignorancia.

Por esta razón, en el proceso de desasimiento, la atención va a "recogerse despegándose de las cosas exteriores, donde se había dispersado a través de la multiplicidad de los bienes perecederos".[97] La atención debe "mantenerse perfectamente pura y viva con una perfecta nobleza, que esté completamente unificada y completamente interior, que no vagabundee afuera, por los cinco sentidos, en la diversidad de las criaturas, sino que esté por completo en el interior y unificada en lo más puro que posee".[98] Ya que "cuando el alma no se dirige a las cosa exteriores, entonces ha llegado a casa y habita en su luz simple y pura".[99] Luz simple, pura y divina; consciencia pura, infinita y eterna; nuestra naturaleza verdadera.

A diferencia de la mayoría de técnicas meditativas que se ofrecen, la práctica meditativa en el Camino de la Verdad, meditación no dual, verdadera contemplación,[100] no dirige la atención a ningún objeto,[101] por sutil que este sea —ya que eso nos mantendría en la dualidad—, sino que esta se disuelve en su fuente de consciencia pura. Siendo este el sentido original del término contemplación, oración o meditación: el reposo en el ser infinito y eterno que somos, contemplación de Dios en Dios como Dios. De acuerdo con la comprensión no dual, Eckhart afirmará que en la verdadera oración se "permanece vacío de todos los rezos, y su oración no es otra cosa que ser uniforme con Dios. En eso se basa toda su oración".[102] Por lo tanto, podríamos decir que en realidad no se trata de rezar o meditar, sino de disolverse en la meditación.

Y es por ese mismo motivo que, de manera contraria a la visión canónica, Eckhart prefiere la práctica del desasimiento a cultivar cualquier virtud, como el amor, la humildad, la misericordia, o incluso la oración convencional. Prácticas que no recomienda porque estas necesitan que dirijamos nuestra atención hacia los objetos —es decir, alejarnos de lo que somos—, manteniendo de esta manera nuestro interés en el exterior y permaneciendo asociados con el contenido de nuestra experiencia humana, impidiendo así nuestro retorno amoroso a Dios.

"Cuando el alma del hombre se vuelve totalmente a la eternidad, a Dios solamente, entonces resplandece y brilla [en ella] la imagen de Dios;[103] pero cuando el alma se vuelve hacia el exterior, aunque sea en el ejercicio exterior de las virtudes, entonces la imagen permanece cubierta por completo".[104]

Entonces, en el proceso de desasimiento llegaré a "vaciarme de todas la criaturas", de todo lo que cubre mi ser, y únicamente ese vacío o pobreza y mi entrega incondicional a la Verdad me permitirán sentir el fondo divino que soy. Cualquier pensamiento, aunque sea de manera sutil, extiende un fino velo sobre nuestro ser desnudo y nos impide sentirlo en su desnudez, en su verdad. Por eso "estar vacío de todas las criaturas es estar lleno de Dios, y estar lleno de todas las criaturas es estar vacío de Dios".[105]

Cuando nos despojamos de todo aquello que pertenece a la entidad humana, "cuando el templo se vacía de todos los impedimentos, es decir, de los atributos personales y de la ignorancia, entonces brilla espléndido, tan puro y claro por encima de todo y a través de las cosas que Dios ha creado que nadie puede resplandecer tanto, sino el mismo

Dios increado.[106] En verdad nadie es igual a ese templo, sino el Dios increado".[107] Es decir que cuando renunciamos a nosotros mismos —como entidad personal—, se revela nuestro ser verdadero, la Divinidad, el Dios increado. Este es nuestro origen, nuestra condición original, anterior a la aparición de la experiencia humana. Un ser vacío y libre, "gozando de la verdad", eterno ser divino. Reconoce Eckhart que allí él "solo quería la verdad y la verdad es lo que era". Felicidad absoluta. "En esta pobreza[108] reencuentra el hombre el ser eterno que él ya había sido y que ahora es y que será para siempre".[109] Y entonces "me doy cuenta de que yo[110] y Dios somos uno",[111] dice Eckhart; mostrando, escrito en primera persona en el texto, que se trata de su propia experiencia espiritual. Reconocimiento directo de nuestro ser verdadero, como el ser infinito y eterno de Dios. En este reconocimiento, plenamente sentido, se produce la "adquisición del Reino".[112]

Así pues, la práctica del desasimiento es la vía que nos lleva al vaciamiento interior, a la pobreza interior, transparencia en la que se revela la Verdad. Como decíamos, "en esta pobreza reencuentra el hombre el ser eterno que él ya había sido y que ahora es y que será para siempre".[113] De esa pobreza hablan Eckhart y Jesús cuando afirman que son "bienaventurados los pobres de espíritu, porque de ellos es el reino de los cielos".[114] No se trata de una pobreza exterior, que nada tendría que ver con el proceso espiritual aquí expuesto, sino de una pobreza interior, más elevada, en la que "un hombre pobre es el que nada quiere, nada sabe y nada tiene".[115]

La pobreza interior verdadera implica estar completamente vacíos y libres de todo, sin ninguna identificación con la experiencia humana. No querer nada, no saber nada y no tener nada. Se trata de hacernos semejantes a nuestra condición original y primigenia, pobreza, pureza, libertad, vacío gozoso original en la unidad primordial con la Verdad. Ya que en el ser eterno de Dios no hay nada más que Dios. Debemos entonces estar totalmente vacíos de nosotros mismos, y de toda nuestra experiencia humana, como éramos antes de la aparición de la experiencia humana. Y esto implicará estar libres de nuestra voluntad, es decir, no querer nada, ni desear nada.

"Cuando estaba en mi primera causa no tenía ningún Dios[116] y yo era causa de mí mismo; allí nada quise ni nada deseé, ya que era un ser vacío[117] y me conocía a mí mismo gozando de la verdad. Me quería a mí mismo y no quería otra cosa; lo que yo quise es lo que fui y lo que fui es lo que quise, quedando aquí vacío de Dios y de todas las cosas".[118]

Pobreza sublime en la que "rogamos a Dios que nos vacíe de Dios y que alcancemos la verdad y la disfrutemos eternamente".[119] Pues en el Origen no hay ni Dios ni criatura. No hay nada creado. Solo silencio eterno. Solo consciencia. Solo Dios increado. Por lo tanto, la pobreza interior implicará también no saber nada. Vacío de todo saber y de todo conocimiento, es decir, no identificados con ningún pensamiento, idea, recuerdo, creencia o imagen. "Pues cuando el hombre estaba en el ser eterno de Dios, no vivía en él nada más; es más, lo que allí vivía era él mismo".[120] Ese silencio, ser eterno de Dios, es lo que somos.

Como dice Eckhart, la pobreza interior implicará también no tener nada. Una nada que solo puede aparecer con el último desapego, el desasirse de la sensación de individuación. Pues "allí donde la criatura termina, empieza Dios a ser".[121] Pobreza extrema en la que "el hombre consigue […] lo que él es eternamente y lo que siempre será". Somos ese silencio gozoso. "Sutileza, tan pura y dulce". Y "en todo eso Dios es uno con el espíritu y esa es la extrema pobreza que se puede encontrar".[122] "Y el hombre que se halle completamente en el ser separado[123] será arrebatado hacia la eternidad".[124] Es decir, que en esa pobreza extrema, culminación del proceso de desasimiento, se produce de forma espontánea el establecimiento en el silencio eterno de la Divinidad, la unidad con la Deidad. En esa pobreza sublime, culminación del proceso de hacernos semejantes a la Verdad, se desnuda la luz divina, nuestra condición original, consciencia pura; fuente viva en el fondo íntimo resplandeciendo en su origen divino. Habiendo quitado la tierra que la cubría, se revela nuestra naturaleza verdadera, divina, infinita y eterna. Hemos llegado a casa. Hemos adquirido nuestro Reino.

La disolución de la entidad personal, de la individualidad, es la vía sin mediación que nos permite llegar a lo divino. Conducidos a Dios por la luz de la consciencia y envueltos por el amor del espíritu. "Y cuando el hombre retorna de esta manera a sí mismo encuentra a Dios en él mismo" […] "Si, entonces, mi imagen ha sido eternamente en Dios, y todavía es y siempre debe ser, por esta razón mi alma ha sido eternamente una con Dios y es Dios; así me encuentro a mí en Dios, en un saber tan alto, de forma que yo he sido eternamente Dios en Dios".[125] Comprensión última y suprema de la realidad,[126] vivida por Eckhart. Conocimiento de la Verdad sin mediación, conocimiento directo, conocimiento no dual, conociendo la Verdad a través de ser esa misma Verdad. Simplemente experiencia desnuda, silenciosa y pura de ser. No de ser esto o aquello, sino simplemente el hecho de ser. Simple presencia. Pues "nada es tan semejante a Dios como el ser" […] "el ser en su desnudez y pureza, tal como es en sí mismo".[127] Dios no conoce otra cosa que el ser. Libertad absoluta de ser. Plenitud. Reposo. Esta es la culminación de la primera parte del viaje espiritual. La unidad con Dios.

ESTABLECIMIENTO INTERIOR ININTERRUMPIDO

Permaneced en mí, nos dice Jesús. Así, este habitar en Dios tiene que devenir constante y permanente. Para Eckhart es un "morar en un estado de desasimiento y en una pura libertad de sí mismo y de todas las cosas",[128] en todo momento. Es decir, se trata de permanecer en nuestra pureza original, sin asociarnos con el contenido de la experiencia humana, sin separarnos de Dios. Y así lo predica el sabio maestro, "Que Dios nos ayude para que podamos verdaderamente permanecer en el interior de manera que poseamos sin mediación toda verdad[129] sin diversidad, en la verdadera bienaventuranza".[130] Esta permanencia serena y gozosa en la Verdad, siendo la Verdad, inicia y hace posible la segunda fase del viaje espiritual. El regreso del hombre noble llevando consigo su Reino. El camino en Dios.

Se tratará de un morar constante en la paz y beatitud eternas de la Divinidad. Sintiendo la dulce plenitud de nuestra naturaleza verdadera incesantemente. Y así lo requiere Eckhart, "que nuestro amado Señor Jesucristo nos ayude, para que podamos morar en todo momento en Dios".[131]

VIDA ESPIRITUAL

Y en este morar permanente en la naturaleza infinita de nuestro ser, en un nacimiento continuo de la Divinidad en nosotros, se llega a "un punto en que ni el tiempo, ni la multiplicidad, ni la materia sean para él un obstáculo".[132] Entonces, nuestra experiencia humana queda bañada completamente por el amor infinito de la Fuente. Llegando a "una vida en la que todo en ti refleje la palabra eterna".[133] Esta es la integración de la Verdad eterna en nuestra experiencia humana, último paso en el viaje espiritual y culminación

de la instrucción espiritual de Maestro Eckhart, la vida espiritual.[134] Viviendo de tal modo que experienciemos eternamente la beatitud infinita de la unidad con Dios. Viviendo
en la verdad suprema, "de forma que nada perecedero lo
pueda conmover [más] y que no sienta [más] lo corporal, y
se diga muerto para el mundo, pues ya no le apetece lo que
es terrenal. Es lo que opinaba san Pablo cuando dice:"Yo vivo
y sin embargo no vivo; Cristo vive en mí".[135] Esta es la verdadera revolución en nuestras vidas.

Una manera de vivir transparente y suave, disueltos incesantemente en el resplandor infinito de la eternidad, en la
que nuestra naturaleza divina fluye amorosamente e impreg-
na dulcemente nuestra manera de sentir el cuerpo, nuestra
manera de pensar, de percibir, de movernos, de actuar y de
relacionarnos. Porque "cuando el hombre se ejercita en la
vida contemplativa[136] no puede renunciar a verter al exterior
la plenitud y debe ejercer en la vida activa".[137] "Solo así se
alcanza el verdadero fin de la contemplación".[138] Sabias palabras del gran maestro. Así es, la verdadera culminación del
camino espiritual es la vida espiritual. Vida activa funda-
mentada en nuestro morar incesante en la suprema beatitud
de la Divinidad, completamente despojados y desidentifica-
dos del contenido de nuestra experiencia humana, en una
plena apertura y receptividad a la vida humana. Habitar
amoroso en el fondo divino infinito —manteniéndonos siempre orientados y con nuestro interés hacia el corazón— que
fructifica maravillosamente en las obras. Vida perfecta que
reúne la suavidad del reposo supremo en la consciencia infinita que somos, sin "vagabundear afuera", en una apertura
infinita que permite la fusión natural de la experiencia con
su fondo y origen. Y así, la riqueza y la plenitud desbordante
de nuestra naturaleza verdadera obra a través de nuestro
cuerpo-mente, transfigurado por la eternidad divina, en la

realización de que la consciencia y la experiencia humana son totalmente inseparables.

Despojado de todo lo que me era propio como entidad personal, en mi ser puro y simple, absolutamente libre, permaneciendo incesantemente en la pobreza interior extrema, de ese vacío o nada[139] fluye una acción perfecta, divina, impersonal; bañada por una precisión y delicadeza exquisitas, totalmente liberada de lo personal, que revela una profundidad, una finura, una honestidad y una serenidad, completamente olvidadas en nuestro entorno humano. Estos son los frutos divinos, los frutos de la nada divina.[140] De aquí que no se tratara de amar al otro —acción que nos dirigiría hacia el exterior separándonos de la unidad con Dios—, sino de que el amor que somos —que solo puede fluir des de su origen en mi permanecer en Dios— impregne nuestras acciones incesantemente. Amar es sentir a Dios en todo. Pues todo es Dios. Esa es la Realidad.

"Cuando te has despojado por completo y a todos los respectos de tu yo y de todo lo que te pertenece y te has entregado, unido y abandonado a Dios con confianza plena y completamente en el amor, entonces lo que nace o aparece en ti, ya sea interior o exterior, agradable o penoso, amargo o dulce, ya no te pertenece en absoluto, sino que es exclusivamente de tu Dios al que te has abandonado".[141]

Para nuestro excelso maestro de vida espiritual, la salvación solo es posible si están presentes al mismo tiempo la eternidad y la temporalidad; el morar permanente en la consciencia infinita que somos y la experiencia humana. Mensaje eterno en la enseñanza del Camino de la Verdad. Realización suprema de la Verdad. Un reposo que es al mismo tiempo un movimiento. Según Jesús, este es el signo de nuestro Padre en nosotros, el signo de nuestra verdadera comprensión de la Verdad.[142] Establecidos en el reposo —la presencia consciente que somos, ilimitada, silenciosa, quieta, pura receptividad, apertura infinita— aparece en nosotros la vida humana en todo su esplendor: el movimiento. El movimiento aparece en el fondo, quieto —reposo—, no separado del fondo, sino como una vibración del mismo fondo. Es así como la belleza no la creamos nosotros; la belleza aparece cuando nosotros nos disolvemos en ella.

Todo tu conocimiento del mundo —el movimiento— es, de hecho, tu percepción del mundo. Todo lo que conocemos del mundo es simplemente la percepción del mundo. Pero tampoco podemos decir realmente que conocemos percepciones "del mundo", ya que no experienciamos un mundo, sino nuestra percepción de él. Todo lo que conocemos son nuestras percepciones, no un mundo. Entonces todo lo que conocemos son en realidad percepciones. Pero, de hecho, todo lo que conocemos de las percepciones no son en realidad percepciones, sino nuestro conocimiento de esas percepciones. Por lo tanto todo lo que conocemos es solamente nuestro conocimiento. Y este conocimiento o conocer es lo que llamamos consciencia; el hecho de ser consciente.

Ahora mismo, en medio de toda tu experiencia humana, no estás conociendo el mundo, sino tus percepciones del mundo: imágenes, sonidos, texturas, olores y sabores. Por tanto no conoces el mundo. Solo conoces percepciones, no el mundo. Y todo lo que conoces de las percepciones es el conocimiento de esas percepciones, no las percepciones. Entonces, no conoces percepciones, sino simplemente conoces, eres consciente. Y tú eres esa consciencia. Todo lo que conoces —toda tu experiencia humana, experiencia del cuerpo-mente-mundo— es esa misma consciencia que eres. Todo lo que percibes es en realidad tu misma consciencia. La dualidad entre tú consciencia —reposo— y el contenido de la experiencia —experiencia del cuerpo-mente-mundo o movimiento— no es real; es una apariencia. Es simplemente un hábito de la mente. Como indicaba Jesús, el reposo es al mismo tiempo el movimiento.

En nuestra experiencia no conocemos o somos conscientes de nada más que del hecho de ser conscientes de nuestra experiencia. En todo momento lo que hay es solamente el conocimiento o consciencia de la experiencia. No experienciamos nunca la experiencia. Todo lo que experienciamos es el conocimiento de la experiencia. No la experiencia en sí. Por lo tanto todo lo que experienciamos es conocer o consciencia. ¿Y quién conoce ese conocer? El conocer solo puede ser conocido por el conocer. Y nosotros somos ese conocer o consciencia. Conocer conociendo solo conocer. Esta es la realidad de nuestra experiencia. "Uno en uno y en uno uno eternamente".

"Quien actúa en la luz asciende a Dios, libre y desnudo de toda mediación[143] : su luz es su actuar y su actuar es su luz".[144]

Así es como describe Eckart su experiencia de la no dualidad. Establecidos en la luz, en la Verdad como la Verdad, "libre y desnudo de toda mediación", la luz —consciencia, Dios, reposo— es el actuar experiencia humana, movimiento. Y el actuar es la luz. Todo lo que hay en la experiencia humana es luz; la luz del conocer que la hace cognoscible. Todo lo que hay en nuestra experiencia humana es consciencia. Todo es consciencia. Todo es luz. Todo es el rostro de Dios.

Naturaleza no dual de la realidad en una Eternidad inevitablemente enamorada[145] de sus frutos en el tiempo, íntimamente uno con ellos, en la disolución de la sensación de separación con ellos. Frutos en la creación, frutos divinos, frutos de la nada eterna.

La comprensión de que todo lo que hay en la experiencia humana es el hecho de ser consciente o consciencia infinita y eterna, me permite estar en el mundo sin ser del mundo. Mi atención no se dirige hacia el mundo, sino que se mantiene en su origen, su esencia divina, consciencia infinita, en una escucha abierta, viva, global y plena, no dirigida ni focalizada, que no separa ni divide la experiencia entre sujeto y objeto, permitiendo que la experiencia retorne y se fusione en su origen, en mí, sintiendo que el flujo de experiencia humana y el fondo donde este aparece en realidad no están separados, sino que son uno. Este es nuestro estado natural, individido por la mente. Felicidad suprema. Gozo inexplicable. Plenitud eterna.

En la no identificación con la experiencia humana permanezco sintiendo el fondo divino infinito que soy, luz eterna, dándome cuenta de que todo lo que hay en mi experiencia del otro es en realidad una vibración suave y delicada del espacio de consciencia que soy. Experiencia de no dualidad en la que se abole la distinción y separación entre "yo" y "tú". Experiencia en la que nada me pertenece, pero todo aparece en mí y es íntimamente uno conmigo.

"Yo y tú, una vez envueltos de la luz eterna, es uno y ese dos-uno es un espíritu ardiente, situado sobre todas las cosas[146] y por debajo de Dios en el círculo de la eternidad.[147] Aquel es dos, porque no ve a Dios sin mediación[148] ".[149]

En lo uno, "envueltos de luz eterna", experiencia directa de la Realidad, comprensión suprema en la que siento que no hay ninguna separación entre yo y toda mi experiencia, en la que Dios, el mundo y yo somos uno y lo mismo, un amor incesante se abre paso en mí suavemente, una paz infinita me invade silenciosamente y un gozo sereno y luminoso me mueve dulcemente. Conociendo únicamente a Dios, siendo únicamente Dios, queriendo únicamente a Dios. Esta es la vida eterna.

"Lo más alto que el espíritu puede alcanzar en este cuerpo es que tenga una morada constante fuera de todo en todo. Que deba morar fuera de todo quiere decir que debe morar en un estado de separación[150] y en una pura libertad de sí mismo[151] y de todas las cosas. Pero que deba morar en todo quiere decir que debe morar en un silencio constante, es decir, en una presencia interior, en su imagen eterna, allí en donde la imagen de todas las cosas brilla en la unidad".[152]

Es decir, morar permanentemente en el silencio eterno de nuestra naturaleza verdadera, totalmente desasidos de la experiencia humana en todo momento, pero sin huir de la experiencia sino sintiendo profundamente la esencia divina en todo lo manifestado. Y entonces, en esa unidad nos damos cuenta de que todo lo que hay es esa presencia luminosa y transparente tomando la forma de la totalidad de la experiencia a cada instante y al mismo tiempo permaneciendo siempre ella misma. Todas las cosas se convierten entonces en puro Dios:

"Porque posee únicamente a Dios y pone sus miras solo en Dios, y todas las cosas se le convierten en puro Dios. Semejante hombre lleva consigo a Dios en todas sus obras y en todos los lugares, y todas las obras de este hombre las opera solo Dios; pues, la obra pertenece más propia y verdaderamente a quien es causa de ella que a quien la ejecuta".[153]

Cuando vemos a Dios, vemos todas las cosas como Dios.

"Qué maravilla es estar fuera como dentro, comprender o ser comprendido, ver y al mismo tiempo ser visto, contener y ser contenido: ese es el final en el que el espíritu permanece en paz, en la unidad de la amada eternidad". [154]

Claramente el mensaje de Maestro Eckhart, y de todos los maestros de la Verdad, aún no se ha vivido plenamente. A excepción de unos pocos, osados, fascinantes, verdaderos maestros, enamorados de la Verdad y de la Vida, que realizaron la dulce unidad y reflejaron la verdad divina en amorosos frutos de la nada inefable. Que esos frutos nos guíen a la vida eterna.

A todos aquellos que en vida se han disuelto en la paz y la felicidad eternas.

DIOS ME LIBRE DE GENTE TAN ESPIRITUAL

DE MARDÍA HERRERO

BÚSCATE EN MÍ

Nos situamos aproximadamente en 1577. Teresa tiene 62 años. En oración escucha un día las palabras *"búscate en mí"* y se las dice a su hermano Lorenzo para que las medite, y este no sabe cómo entenderlas y pide consejo a algunos de los hombres más eruditos que conoce. En el locutorio de San José de Ávila, la primera fundación de Teresa, dialogan fray Juan de la Cruz, Julián de Ávila, Francisco de Salcedo, el obispo de Ávila, las monjas del convento y el propio Lorenzo. Teresa está en Toledo y le envían luego las respuestas que da cada cual. El obispo le pide que lea el texto y emita una reflexión propia. Y ella escribe unas palabras llenas de ironía y humor, denominadas Vejamen sobre las palabras "búscate en mí" y respuesta a un desafío. Un *vejamen* era una composición literaria de burla o crítica hacia otros. Es una obra casi desconocida en la actualidad, pero no tiene desperdicio.

Teresa insiste, en primer lugar, en que no habría escrito "si la obediencia no me forzara" (1), y le pide a Dios que le dé gracia para no merecer denuncia ante la Inquisición, "según está la cabeza de las muchas cartas y negocios que he escrito desde anoche acá" (1).

A continuación se va burlando de cada participante en el consejo. A Francisco de Salcedo, quien ha sido confidente suyo desde los inicios de sus experiencias místicas, le dice que tenga cuidado con la Inquisición "porque después de venir todo el papel diciendo: esto es dicho de san Pablo, y del Espíritu Santo, dice que ha firmado necedades. Venga luego la enmienda" (4).

Julián de Ávila, quien la ha ayudado en la gestión de muchas de sus fundaciones, según Teresa, "comenzó bien y acabó mal" (5), porque se pone a hablar de cómo se juntan la luz increada y la luz creada y para Teresa las palabras "búscate en mí" solo están hablando del amor. "Mas yo le perdono sus yerros", continúa; "porque no fue tan largo como mi padre fray Juan de la Cruz" (5).

Entonces le llega el turno al que luego también fuera hecho santo. Teresa dice de la reflexión de Juan de la Cruz que "harto buena doctrina dice en su respuesta, para quien quisiere hacer los ejercicios que hacen en la Compañía de Jesús, mas no para nuestro propósito" (6). Insiste en que la Magdalena no necesitó estar muerta al mundo para amar a Jesús, y añade: "Dios me libre de gente tan espiritual, que todo lo quiere hacer contemplación perfecta, dé do diere. Con todo, los agradecemos el habernos tan bien dado a entender lo que no preguntamos" (7).

Teresa regaña a su hermano, aunque "le perdonamos la poca humildad en meterse en cosas tan subidas" (8), y en vez de emitir una reflexión propia acaba así: "Quien alcanzare esa merced de tener el alma unida consigo, no le dirá que le busque, pues ya le posee (...) Por no cansar más a V.S. con estos desatinos, no escribo ahora" (9).

El texto no tiene desperdicio. Nos da muchas pistas sobre quién era Teresa. "Búscate en mí" funciona como una especie de koan que no puede descifrarse ni con la teología ni con el trabajo intelectual. Su secreto, parece decirnos la de Ávila, está más allá de la palabra, en una experiencia de la unidad que trasciende el lenguaje, un saboreo de la unión del Tú y el Yo que solo halla su reflejo en el amor que late dentro del corazón. Por eso ella calla, y prefiere reírse de los que arrojan una respuesta muy elaborada.

Teresa insiste a lo largo de su obra en la importancia de la humildad en el camino espiritual, que para ella no es otra cosa que andar en verdad, y que posibilita, al reconocernos tan pequeños, abrirnos paradójicamente a participar de la grandeza de lo divino. Sus palabras son humildes, emplea un lenguaje llano, aunque totalmente preciso, a ratos prosaico y a la vez lleno de ritmo. En este texto pide que Dios la libre de gente tan espiritual porque su espiritualidad es completamente entrañada, unión del cielo y la tierra, del Tú y el Yo del "búscate en mí", de la oración o contemplación representada por María, la hermana de Lázaro, y la acción que simboliza Marta. Cuando realiza su primera fundación, Teresa se siente auspiciada a la vez por la Virgen María y por san José. Es a la vez una mujer apasionadamente orante y una fundadora que no descansa.

Para ella encontrarse a sí misma es también encontrar a Dios. Por eso se busca en él. Por eso escucha el "búscate en mí" mientras ora.

TERESA, ENTRE LA IDOLATRÍA Y LA PROYECCIÓN

Es posible buscar a Dios en Teresa y buscarnos también en ella a nosotros mismos. Creo que es por eso que la leo y la estudio yo desde que era niña. Y por eso por lo que nos interesamos por las vidas de los santos, que funcionan como espejo limpio en el que mirarnos, clarificador y potencializador, una especie de enchufe para conectar-nos con lo más genuino que tenemos dentro.

¿Cómo acercarnos a Teresa? ¿Cómo estudiarla? A lo largo del tiempo he podido percibir que cuando el investigador se pone delante de una figura histórica interesante, y en parti-cular alguien de vida tan significativa como la de un santo, se ve continuamente retado a afrontar dos peligros: el de la idolatría y el de la proyección.

Me explico: idolatrar a un santo es construirle una estatua inalcanzable. Las ciudades están llenas de ellas. Lo imagina-mos como un ser especial y a nosotros mismos como muy imperfectos. Nos asumimos como incapaces de acercarnos a su genialidad o virtud y lo situamos a una distancia infinita de nosotros mismos. Entonces, el santo no puede decirnos nada. Matamos su capacidad evocadora o inspiradora y lo despojamos incluso de su humanidad. Ya no puede servirnos de espejo ni de compañero de camino.

Podemos ver este proceso paulatino de idolatrización, por ejemplo, en las primeras biografías que se escribieron sobre Francisco de Asís. En la *Vida primera* de Celano, compuesta a finales de la década de 1220, pocos años después de morir el santo, Francisco es mucho más humano que en la *Vida segunda*, del mismo autor, escrita hacia 1246-1247. Y muchí-simo más humano que en las ya idolátricas *Florecillas de San Francisco*, compuestas en el siglo XIV. El santo va despoján-dose de su naturalidad y en un momento dado ya solo nos sirve como ficción inaccesible.

Al construirle una estatua también petrificamos a ese ser humano. Lo fijamos de una vez por todas, y este deja de vivir. Lo leemos como un sujeto muerto e inalcanzable. Y sin embargo, al "morir antes de morir" (dicho del profeta Muhammad), a lo mundano, a los deseos egoístas, en rea-lidad sigue vivo. ¿En qué sentido? Esto es lo que siempre me ha entusiasmado de la lectura de las obras de Teresa. Como escribió conectada con la Vida, es posible, al leerla, ser Vida también. Manantial de agua limpia que te limpia el corazón y te convierte en manantial. ¿Eso significa que fue verdad todo lo que escribió? Creo que no. Como mujer, Teresa era un ser relativo, y desidolatrarla pasa también por ser capaces de reconocer su dimensión circunstancial. Su ser manantial no consiste en el hecho de que sus palabras fueran absolutas (la palabra, como el símbolo, solo puede ser un puente a lo indecible), sino en el de que fueran sinceras dentro de su relatividad. Estaban, más allá de sí, conectadas con el manantial. Por eso pueden nutrir a un lector no siempre identificado con la tradición a la que ella pertenecía.

No debemos tener miedo de asomarnos a las sombras del santo, porque su naturalidad y su imperfección es la nuestra. Bajemos a Teresa del pedestal, mirémosla a los ojos, atrevámonos a leerla en el contexto de su propio tiempo. Como una respuesta radical, auténtica, al mundo que le tocó vivir. Desidolatrarla será también quitarnos a nosotros mismos algunos de los velos que nos separan de lo real.

El otro peligro al que nos enfrentamos cuando estudiamos la vida de un santo es el de la proyección. Muchas veces los grandes personajes históricos, en cierto sentido espejos nítidos, acaban diciendo solo lo que nosotros queremos que digan. Los estrangulamos para que confiesen lo que no han hecho. Pienso, en particular, en el uso político tan distinto al que ha sido sometida Teresa. Sacando de contexto sus palabras, obviando las fuentes, proyectamos nuestro presente en su mundo y no la dejamos ser. Entonces ya no puede enseñarnos nada. Sin nuestra apertura, ella calla. Recuerdo la famosa frase de Julien Green, a propósito de Francisco de Asís: "Habría que ser un santo para comprender a un santo". Al menos, si no serlo, sí estar puestos en camino. Porque solo puestos en el camino de la transformación interior es posible leer a personas como Teresa y que se dé una emergencia.

Tanto la idolatría como la proyección, en cierto sentido actitudes opuestas, matan al santo. Secan su vida. Imposibilitan que lo comprendamos, y, más aún, que estudiarlo nos transforme. ¿Cómo combatirlas? Mediante el realismo (externo e interno) y el compromiso con la verdad (externa) y la sinceridad (interna). El investigador necesita abrirse a encontrar algo que no espera, estudiar a los santos desde cuantos más puntos de vista mejor, acudir a fuentes históricas variadas, leerlos con atención y a la escucha, ejercitar la síntesis, reconocer que la objetividad es una ilusión (cualquier ciencia humana es más un arte que una ciencia), pero a la vez un horizonte, y estar comprometidos con el camino transformador interior. Porque el santo es a la vez espejo en el que mirarnos (cierto grado de proyección es inevitable) y llave para abrir nuestro corazón (reconocer su grandeza sin caer en la idolatría es también profundamente sanador).

A continuación, intentaremos acompañar a Teresa por las distintas etapas de su vida, que son, al menos en lo cronológico, similares a las nuestras. Teresa cambió mucho a lo largo del tiempo, pero algo la acompañó siempre: el anhelo (¡la sed!) de una vida auténtica e intensa, le pregunta lanzada una y otra vez en oración de cómo acercarse más a dios y cumplir mejor su voluntad, y una "determinada determinación".

CONTEXTOS:

CONTEXTO COSMOLÓGICO

Hace unos meses encontré un libro muy inspirador que me llevó, de repente, a interesarme por la astrología como un código simbólico que parte del conocimiento astronómico y reconoce una unión profunda con lo psicológico: *Cosmos y pisque*, de Richard Tarnas, gran historiador de la cultura y uno de los pensadores más representativos del giro participativo en psicología transpersonal.

En las distintas tradiciones (pienso, en particular, en cómo aborda este tema el Corán) se concibe la naturaleza como signo de lo divino. En un mundo habitado por el sentido, todo lo que sucede es un puente para lo que nos trasciende. Karen Armstrong habla en Naturaleza sagrada de cómo podemos actuar ante el cambio climático, y señala que no hay una manera adecuada de enfrentarnos a esta crisis si no nos damos cuenta de la profunda unión entre lo psicológico y lo natural, una sacralidad de lo natural que existe en todas las tradiciones y que se propone como elemento indispensable para un cambio de paradigma.

Pero volvamos a Richard Tarnas. Él estudia en particular las conjunciones entre Urano y Neptuno y señala que coinciden con momentos importantes en la historia de las religiones y la espiritualidad, porque anuncian "despertares del espíritu y el alma" (Tarnas, p. 523), momentos para "disolver fronteras y estructuras, mezclar lo que está separado" (ídem), y para anteponer "lo unido a lo dividido, lo intemporal a lo temporal, lo inmaterial a lo material como lo infinito a lo finito" (ídem), con la consiguiente reacción a eso. Entre 1213 y 1230, señala Tarnas, habría tenido lugar una oposición Urano-Neptuno, y es la época en que Francisco de Asís desarrolla toda su labor, incluido su encuentro con el sultán de Egipto, los años en que se crea la literatura del Grial y aquellos en los que se inicia la persecución de los cátaros.

Para Tarnas esa cuadratura se da también en los años que van entre 1556 y 1574, desde que Teresa tenía 41 años hasta sus 59, y que constituye la etapa central de su labor literaria y reformadora.

Tarnas se reconoce perplejo ante las coincidencias que observa entre lo astrológico y lo que se da en la historia cultural de Occidente. Yo no digo más, porque no tengo formación en el tema. Solo apunto con sorpresa la coincidencia y sigo adelante.

CONTEXTO HISTÓRICO

Teresa vive entre 1515 y 1582, es decir, en pleno siglo XVI. La mitad de su vida la pasa bajo el reinado de Carlos V (1516-1556) y la otra mitad bajo el de Felipe II (1556-1598). Durante el reinado del primero, su vida fue más bien discreta. Casi toda su labor como escritora y fundadora se desarrolló bajo el reinado del segundo.

La primera mitad del siglo XVI es de riqueza española y aventura americana (varios de los hermanos de Teresa viajaron a América y algunos murieron en el continente). En la segunda mitad empiezan a aparecer las crisis económicas (tres bancarrotas en el reinado de Felipe II) que llevarán a la depresión del siglo XVII.

En lo religioso, Teresa vive en el contexto eclesiástico del Concilio de Trento (1545-1563), respuesta rigorista y formalista a la reforma luterana. Algunos de los libros preferidos de Teresa, como el *Tercer Abecedario de Osuna*, fueron quemados en la hoguera.

CONTEXTO FAMILIAR

El abuelo paterno de Teresa era judío converso. En Toledo se permitió a las personas que hubieran judaizado denunciarse a sí mismas por voluntad propia y Juan Sánchez de Cepeda confesó, en 1485, haber cometido graves crímenes y delitos de herejía y apostasía contra la fe católica. Fue levemente condenado por la Inquisición a acudir durante siete viernes seguidos a las distintas iglesias de Toledo vestido con una túnica infamante, denominada sambenito. Según Joseph Pérez, el abuelo de Teresa había sido judío, pero no judaizó tras su conversión. Luego, se marchó a Ávila.

Los demás abuelos de Teresa fueron católicos y ella recibió una educación cristiana. El padre de Teresa, Alonso Sánchez, era hidalgo. Enviudó de su primera esposa, con la que había tenido dos hijos, y en 1509 se volvió a casar con Beatriz de Ahumada, con quien tuvo otros diez. Teresa será la tercera, después de Fernando y Rodrigo (1513), su gran compañero de infancia.

LA HISTORIA DE TERESA

Gaston Etchegoyen, en *L'amour divin: essai sur les sources de Sainte Thérèse* (p. 63), distingue tres grandes etapas en la vida de Teresa, que nos servirán también a nosotros para recorrer su biografía:

- 20 años de juventud mundana (1515-1535).
- 27 años de monja en la Encarnación (1535-1562).
- 20 años de compañía espiritual (1562-1582).

20 AÑOS DE JUVENTUD MUNDANA (1515-1535):

Parece que nace en Ávila, aunque algunos biógrafos señalan la posibilidad de Goterrandura. Lee libros de caballerías y vidas de santos cuando es pequeña, animada por un padre amante de la lectura. Cuando es niña quiere sobre todo vivir aventuras. Se escapa con su hermano Rodrigo porque quiere morir mártir en tierra de musulmanes y los pilla un tío suyo poco después de salir de la ciudad. Anhela una vida épica. Es imaginativa y apasionada. Podríamos preguntarnos si hay contradicción real entre su amor por las historias de caballeros y jugar a construir monasterios de piedra. Francisco de Asís compartía esos sueños de aventura en la infancia. Pero quizá no haya tanta distancia. Late detrás el anhelo de vivir intensamente, de que la vida sea interesante, de que merezca la pena. Teresa sueña también con algo que sea para siempre. Así se lo repite a su hermano Rodrigo cuando comparten juegos.

La adolescencia de Teresa estará marcada por el fallecimiento de su madre, en 1528, poco después de dar a luz a su hermana Juana. La madre de Teresa muere por ser madre en el momento en que quizá Teresa empieza biológicamente a poder serlo. La madre aún era joven, pero arrastraba ya demasiados partos. La niña se asoma a la adolescencia sin su figura materna a su lado. Según relata ella misma en el *Libro de la Vida* le pide a la Virgen que sustituya a su progenitora. ¿Qué conflicto interior con la maternidad pudo generar en Teresa la muerte de su madre? No lo sabemos. Pero sí sabemos, porque ella misma lo cuenta, que no querrá entonces ni casarse ni ser monja. Aunque es guapa y gusta y le gusta gustar.

Poco después empiezan a entrar en casa unos primos de su edad y una parienta que ejerce sobre ella mala influencia. Es posible que a ella le empiece a gustar su joven familiar. Y el padre, preocupado, decide internarla en un convento donde forman a jóvenes como Teresa, llamado Santa María de Gracia. Teresa tiene 16 años.

María Briceño, la directora de novicias, influirá entonces mucho en ella, y le hará empezar a interesarse en asuntos de religión. Pero a los 18 meses cae enferma, su padre la recoge del convento, y la llevan al campo, a casa de su hermana, pasando a visitar en el camino a su tío Pedro Sánchez de Cepeda, que le deja leer las *Epístolas de San Jerónimo* y la invita a internarse en camino de oración.

Empieza a decidirse a ser monja entonces, aunque se trata de una decisión racional más que de una vocación apasionada. Como el padre no quiere, Teresa se escapa de casa el 2 de noviembre de 1535 con su hermano y se va a La Encarnación, un convento carmelita a las afueras de la ciudad donde viven casi 200 monjas, entre ellas una amiga de Teresa. Huye con determinación, con la sensación de que algo se le desgarra dentro, tomando quizá una de las decisiones más duras de su vida. Tiene 20 años.

27 AÑOS DE MONJA EN LA ENCARNACIÓN (1535-1562):

Podríamos llamar a esta etapa la etapa de María. Teresa dirá en sus obras, una y otra vez, que es necesario unir a las dos hermanas de Lázaro de Betania en el camino espiritual. Marta es la activa, María la contemplativa. María, la que ora; Marta, la que sirve. María la que acoge, escucha a la divinidad; Marta, la que se pone a su servicio y da frutos. Ella lo expresa así:

"Santa era santa Marta, aunque no dicen era contemplativa. Pues ¿qué más queréis que poder llegar a ser como esta bienaventurada, que mereció tener a Cristo nuestro Señor tantas veces en su casa y darle de comer y servirle y comer a su mesa? Si se estuviera como la Magdalena, embebidas, no hubiera quien diera de comer a este divino Huésped" (*Camino de perfección*, 17, 5).

Entre los 20 y los 47 años, Teresa aprenderá a orar. Su etapa de monja en la Encarnación es muy compleja, y está atravesada por un profundo conflicto interior que la llevará a la enfermedad y casi a la muerte. Vivirá luego el fallecimiento de su padre, sus intentos fracasados de entregarse a la oración, y finalmente una conversión y entrega que coincide con su crisis de los 40 años. En la Relación cuarta, escrita en 1575, dirá que pasó 22 años de sequedad espiritual, a los que siguieron 18 años de visiones intelectuales y regalos.

Teresa toma el hábito el 2 de noviembre de 1536, con 21 años, y el 3 de noviembre de 1537 hace su profesión de fe. Pero no es feliz. La regla está muy mitigada, muchas monjas no se dedican a la oración, sino a las relaciones sociales. Ella anhela una vida heroica. Cae enferma en 1538 y su padre se la lleva del convento para intentar curarla. De camino paran en la casa del tío Pedro y este le da a leer el *Tercer abecedario de Osuna*, un tratado de oración que influirá mucho en ella. En 1539 acuden a Becedas para que una curandera la trate, pero ella se pone aún peor. Regresan a Ávila y el 14 o 15 de agosto de 1539 le da un colapso y la creen muerta. Le hacen varias pruebas (despertó, al parecer, con cera en los ojos, con la que habían querido comprobar si pestañeaba) y cavan su tumba. Pero el padre se niega a enterrarla. Y cuatro días después, de repente, despierta.

¿Es posible que Teresa viviera una experiencia cercana a la muerte? Ella calla en su autobiografía, pero su primer biógrafo, Francisco Ribera, que escribió sobre ella pocos años después de que la abulense falleciera, recoge el testimonio de algunas personas cercanas y señala que Teresa, cuando despertó, "empezó a decir que para qué la habían llamado, que estaba en el Cielo y había visto el Infierno, y que su padre y otra monja de la Encarnación, amiga suya, llamada Juana Suárez, se habían de salvar por su medio, y que vio también los monasterios que había de fundar, y lo que había de hacer en la orden, y cuántas almas se habían de salvar por ella, y que había de morir santa, y que su cuerpo, antes que le enterrasen, había de estar cubierto con un paño de brocado. Bien es verdad que siempre que de esto se hablaba, la Madre decía que eran disparates y frenesí; y después que ella entendió que su padre estaba allí y había oído aquellas cosas, había gran vergüenza de él por ser hombre tan grave" (Ribera, p. 111).

Teresa prefería callar, pero no podemos dejar de resaltar esta posibilidad de que viviera realmente una experiencia cercana a la muerte, porque a menudo este tipo de vivencias son profundamente transformadoras.

Ella despierta, pero muy débil. Pasará tres años de enfermería, entre 1539 y 1542, parte de ellos sin poder andar o andando a gatas. Ella atribuye su curación a san José. Mientras tanto, parece que en 1541 tiene una primera visión, en la que Jesús se le aparece con rostro severo para que deje cierta compañía.

Desde 1543 a 1554, de sus 28 a sus 29 años, Teresa busca acercarse a Dios a través de la oración, aunque normalmente no con los resultados que desea. Durante un tiempo incluso deja de rezar. Le gusta tener compañía, departir con quienes la visitan. En 1543 Cristo le reprocha su conducta. Y dice ella: "Deseaba vivir, que más bien entendía que no vivía, sino que peleaba con una sombra de muerte" (Libro de la Vida, 8, 12). En esta etapa será determinante el fallecimiento de su padre. Ella lo asiste en sus últimos días, él expira en la Navidad de 1543, en paz. Ella tiene 28 años. Poco después, el padre Barrón la hace regresar a la oración, aunque no logra comprometerse del todo con ella.

Entre 1554 y 1562, de los 39 años a los 47, empiezan los regalos espirituales. Coinciden con "la crisis de la mitad de la vida" de Teresa. su anhelo de vivir de verdad no ha cambiado. Y su lamento por una vida hasta entonces, a su juicio, demasiado mediocre. En 1554 ve un Cristo "muy llagado" y lee las *Confesiones* de san Agustín, cuya conversión relatada conmueve profundamente a Teresa. Ella empieza a recibir entonces gracias místicas. Y en 1555, cuando tiene 40 años, toma la decisión definitiva, la determinada determinación (de nuevo participa esta cualidad constante de la abulense) de entregarse completamente a Dios.

Empieza a compartir sus experiencias y arrobamientos con los hombres doctos que tiene cerca, para que juzguen si vienen de Dios o del demonio. Durante un tiempo, por recomendación de sus confesores, se resiste a los éxtasis. Pero acudirán luego otros hombres con experiencia honda en oración, como Pedro de Alcántara (de él dirá Teresa que "me dio luz en todo", Libro de la Vida, 31, 2), que juzgarán verdaderas las visiones de Teresa y la ayudarán mucho frente a los opositores.

En 1559 se publica el *Índice de libros prohibidos* de Valdés. Para ella, los libros eran puertas esenciales en su camino de oración. Pero entonces escucha las palabras del Señor: "No tengas pena, que Yo te daré libro vivo" (*Libro de la Vida*, 26, 5). Es interesante comprobar cómo de la censura nacerá su creatividad, porque de esta prohibición de leer algunos de sus libros preferidos surgirá su propia literatura. La *Primera relación*, primera obra suya de la que tenemos constancia, se compone en 1560, coincidiendo a la vez con la primera visión intelectual de dios y la experiencia de la transverberación, en la que Teresa siente que su corazón es traspasado por un fuego sobrenatural. Ella lo cuenta así:

"Vi a un ángel cabe mí hacia el lado izquierdo en forma corporal, lo que no suelo ver sino por maravilla. [...] No era grande, sino pequeño, hermoso mucho, el rostro tan encendido que parecía de los ángeles muy subidos, que parecen todos se abrasan. Deben ser los que llaman Querubines [...]. Viale en las manos un dardo de oro largo, y al fin de el hierro me parecía tener un poco de fuego. Este me parecía meter por el corazón algunas veces, y que me llegaba a las entrañas. Al sacarle, me parecía las llevaba consigo y me dejaba toda abrasada en amor grande de Dios" (*Libro de la Vida*, 29, 13).

Un día de 1560 Teresa se halla en su celda con su sobrina María de Ocampo, su amiga Juana Suárez, otras monjas y parientes, y empiezan "a hablar en burlas que era vida penada la que en aquella casa de pasaba, por haber tanta gente, y al punto salió María de Ocampo, y dijo: "Pues vámonos las que estamos aquí a otra manera de vida más solitaria, a manera de ermitañas" (Ribera, p. 153). Teresa no deja caer las palabras en tierra. Ella siente que necesita más silencio y soledad para perfeccionar su vida y su oración. Habla de ello con su amiga Guiomar, que la apoyará económicamente, y poco a poco se va fraguando en su corazón la idea de fundar un monasterio, al que llamará San José. Justo antes de fundarlo, en las Navidades de 1561, recibe la petición de doña Luisa de la Cerda, que ha enviudado, para que vaya a acompañarla a Toledo, y pasará allí varios meses, hasta julio de 1562. En este año redactará por primera vez su *Libro de la Vida*, hoy perdido. Y lo hará para entender quién es y qué vive, para ser comprendida, y para que otros puedan discernir si lo que ella experimenta es de Dios.

20 AÑOS DE COMPAÑÍA ESPIRITUAL (1562-1582):

Podríamos llamar a esta etapa la etapa de Marta, aunque no desaparece nunca María del alma de Teresa. Es ahora cuando su oración se une con su acción, cuando lo experimentado internamente empieza a generar frutos, cuando la vertical de su experiencia contemplativa y la horizontal de su servicio al mundo se unifican.

Teresa servirá a Dios a través de dos vías: la reforma carmelitana y la fundación de conventos, por un lado; y su labor literaria. En sus cartas la veremos a menudo enfrascada en los temas más materiales o prosaicos que conlleva la apertura de cada monasterio. A la vez reservará, casi siempre por las noches, un rato para escribir dentro de su celda.

Antes de abandonar Toledo, Teresa se encuentra con María de Jesús, que había ido a Roma descalza a pedir al papa Pío IV permiso para fundar un monasterio de mujeres según la regla primitiva del monte Carmelo. Teresa entiende entonces cómo ha de llevar a cabo la reforma carmelitana. Y regresa a Ávila el 24 de agosto de 1562, justo a tiempo para fundar San José.

Se inician en ese momento los cinco años más sosegados de la vida de Teresa, quizá también los más felices, que coinciden con la redacción definitiva del *Libro de la Vida*, su *Camino de perfección* (1566-1567) y otros textos menores.

"Mas la grandeza de su corazón y el fuego de amor de Dios que en su alma ardía, aun en este descanso no la dejaban descansar, con los grandes deseos que en ella levantaban de ayudar a las almas, por todas las vías que pudiese" (Ribera, p. 205). Una noche el Señor le dice, mientras ora, que espere un poco y verá grandes cosas, y fray Juan Bautista Rubeo, general de las carmelitas, llega a Ávila y le da licencia para fundar otros conventos. Abrirá 17 en total: Ávila, Medina del Campo, Malagón, Valladolid, Toledo, Pastrana, Salamanca, Alba de Tormes, Segovia, Beas, Sevilla, Caravaca de la Cruz, Villanueva de la Jara, Palencia, Soria, Granada y Burgos.

Cada fundación estará llena de retos y complicaciones de última hora, pero la fe de Teresa sostendrá la duda de todos los que la rodean y se unirá con su determinación para salir adelante.

Estando en Salamanca, en 1570, Teresa escucha una voz que la anima a escribir *Las fundaciones*, un texto autobiográfico que contiene los detalles de la apertura de cada nuevo convento, y que empezará en 1573. En 1572 experimenta el matrimonio espiritual con Cristo. Estando en Sevilla en 1575, le piden que se retire a un convento y después surgen problemas internos en la orden y se retira cuatro años de su incansable labor. En 1577 su salud se resiente por agotamiento y Juan de la Cruz, apresado por sus hermanos calzados, es enviado a una cárcel en Toledo. Ese mismo año Teresa empieza y acaba de escribir *Las moradas*, su tratado místico.

En 1580 abre el convento de Villanueva de la Jara. En 1581, el de Soria. Funda Burgos en 1582 ya muy enferma. Quiere marchar a Ávila, pero es llamada por la duquesa de Alba para estar con la familia en el parto de la joven María de Toledo. Cuando Teresa llega, el niño ya ha nacido. Empeora. Siente, y así se lo dice a las monjas, que llega sin hueso sano. Pasa las últimas dos semanas de su vida en el convento de Alba de Tormes. Poco antes de morir su rostro se transfigura, lleno de luz como la luna llena. Fallece apaciblemente el 4 de octubre de 1582. El padre Ribera dirá que se derramó un maravilloso olor por toda la casa. El día siguiente será 15 de octubre, por corrección del desfase que había acumulado el calendario juliano al pasar al gregoriano.

Enseguida correrá la voz de su santidad, reconocida ya mientras ella estaba viva.

OBRAS DE TERESA

Teresa es una escritora tardía. Parece que compuso una obra de caballerías, perdida, cuando era niña. Pero no será hasta que alcance madurez espiritual, pasados los 40 años, cuando empiece a desarrollar su labor literaria.

¿Para qué escribe Teresa? Ella suele apelar a la obediencia ("me habéis mandado escribir como despertador", *Camino de perfección*, 2, 4), al deseo de que sus experiencias puedan ser juzgadas por un confesor externo y docto que la ayude a discernir si proceden de Dios o del diablo, o a su compromiso con transmitir las grandezas de Dios ("mi intento es que no estén ocultas sus misericordias, para que más sea alabado y glorificado su nombre", 7.ª Morada, 1, 1). Su literatura es también servicio, sobre todo para sus hermanas, a las que quería enseñar a orar ("sé que no falta el amor y deseo en mí para ayudar en lo que yo pudiere para que las almas de mis hermanas vayan adelante en el servicio del Señor", prólogo de *Las moradas*, 3). Y es, aunque ella no lo diga en ningún momento directamente, un método de autoindagación, de conocerse para conocer lo real, de sincerarse para hacerse de verdad. De "buscarse en Él".

Las obras de Teresa forman un todo orgánico, que incluye textos en prosa, en verso, y una gran cantidad de cartas, de las que conservamos casi quinientas, aunque parece que escribió tres veces más. Sus cuatro obras principales nos hablan de la profunda unidad de su imaginario, y son reflejo nítido de la unión en ella de Marta (la activa) y María (la contemplativa), la unión en ella de lo interior y biográfico y de lo exterior y reflexivo:

- En el *Libro de la vida*, texto narrativo y autobiográfico, Teresa habla de su juventud y su madurez hasta la fundación del convento de San José en Ávila y muestra cómo se ha internado en el misterio de la oración. Un campesino se descubre como agricultor y la oración insemina los campos.

- En *Camino de perfección*, texto ensayístico, menciona las tres virtudes (humildad, amor y desasimiento de todo lo creado) necesarias para el que quiere obtener del orar algún fruto. O cómo el agricultor ha de regar y trabajar la tierra.

- En *Las fundaciones*, de nuevo narrativo y autobiográfico, Teresa cuenta la segunda parte de su vida, la que se corresponde con sus labores de reformadora y con la acción y el servicio que hace a Dios. El campesino cosecha sus frutos.

- Y en *Las moradas* o *El castillo interior*, libro de nuevo ensayístico y místico, la obra más tardía de Teresa, nos relata una peregrinación de lo exterior a lo interior, de la periferia al centro del alma, de la lejanía de lo divino a la entrega a Dios. El lugar en el que ya todo es a la vez fruto, semilla y fuente.

LIBRO DE LA VIDA

Teresa escribe el *Libro de la vida* antes de los 50 años. En él, la abulense relata su infancia, el modo en que su vocación salió a su encuentro, los favores que Dios le dio a través de la oración y la fundación del convento de San José en Ávila. El libro fue escrito en origen para sus confesores. Narrar su experiencia era un modo de aclararla a los demás, pero también a sí misma. Y lo hizo no para ensalzarse, sino para hacerse pequeña y mostrar así la grandeza del Creador: "Quisiera yo que, como me han mandado y dado larga licencia para que escriba el modo de oración y las mercedes que el Señor me ha hecho, me la dieran para que muy por menudo con claridad dijera mis grandes pecados y ruin vida" (Libro de la Vida, Prólogo, 1). Al hacerse pequeña, Teresa se hizo grande. Al criticarse a sí para alabar a Dios, pasó a ocupar el centro de la historia literaria y espiritual de España. Su vida individual se volvió universal.

En el interior de la obra, Teresa propone al lector imaginar un huerto en tierra muy infructuosa que quiere ser dedicado poco a poco al deleite del Señor. Se puede regar de cuatro maneras, y estas son las cuatro fases del camino de quien ora: sacando agua del pozo, con gran trabajo; con noria o torno, un poco más fácilmente; gracias a un río o arroyo, de manera más sencilla; o con lluvia, cuando la voluntad del agricultor se ha unido a la de Dios de tal modo que es Dios quien riega el huerto sin esfuerzo de la criatura. Sus palabras pasan entonces a ser las tuyas. Y tus obras las suyas.

CAMINO DE PERFECCIÓN

Después de redactar el *Libro de la vida*, fray Domingo Báñez le da licencia a Teresa para escribir a sus hijas de San José sobre temas de oración, lo que tejerá el *Camino de perfección*. Su propuesta es ambiciosa: "¿No es linda cosa que una pobre monja de San José pueda llegar a señorear toda la tierra y los elementos?" (19, 4), escribe.

Teresa resalta, en primer lugar, su compromiso radical con su propia experiencia: "No diré cosa que en mí, o por verla en otras, no la tenga por experiencia" (Prólogo, 3).

Para propiciar la entrega cada vez más intensa del alma a Dios, dice, es necesario trabajar tres virtudes fundamentales: el desapego de lo creado, el amor y la verdadera humildad.

La autenticidad de su experiencia afina su palabra. Teresa se levanta por encima de las voces que critican que una monja se interne en camino de oración: "Ningún caso hagáis de los miedos que os pusieren ni de los peligros que os pintaren" (21, 5), escribe. Y continúa: "Peligro será no tener humildad y las otras virtudes; mas camino de oración camino de peligro, nunca Dios tal quiera" (21, 7).

El desasimiento, "darnos todas al Todo sin hacernos partes" (8, 1), requiere incluso del desapego de los familiares, lo más difícil para quien quiere entregarse por entero a la divinidad. El amor a las criaturas es un desbordamiento del amor a aquel del que todo procede. La verdadera humildad es la cualidad de quien sabe colocarse en el lugar exacto que uno ocupa en relación con el creador. Esta se esconde siempre de quien la posee, de tal modo que el humilde nunca sabe que lo es. La santidad se vuelve así una cuestión no de grandeza, sino de pequeñez: "Miren que la verdadera humildad está mucho en estar muy prontos en contentarse con lo que el Señor quisiere hacer de ellos, y siempre hallarse indignos de llamarse sus siervos" (17, 6).

Teresa nos habla también en este libro de la oración vocal (la persona ha de saber de qué habla y penetrar en el significado de las palabras que pronuncia), y de la oración mental (cuando uno se representa al Señor junto a él y repara en la humildad y el amor con el que el Señor nos enseña) como una, porque uno reza siempre que su corazón se entrega, incluso ora el que es activo y no contemplativo si se hace presente en su labor: "Santa era santa Marta, aunque no dicen era contemplativa. Pues, ¿qué más queréis que poder llegar a ser como esta bienaventurada?" (17, 5).

Camino de perfección acaba mostrando la intención de Teresa al redactarlo: "Porque todo lo que os he avisado en este libro va dirigido a este punto de darnos del todo al Criador y poner nuestra voluntad en la suya y desasirse de las criaturas, y tendréis ya entendido lo mucho que importa, no digo más en ello" (32, 9).

LIBRO DE LAS FUNDACIONES

En la tercera gran obra de la abulense, El libro de las fundaciones, esta regresa a lo autobiográfico desde una etapa más madura, cuando el camino de oración ya está dando sus frutos: la fundación de conventos y la reforma del Carmelo. Escribe de nuevo obedeciendo a sus superiores. Emplea la última década de su vida para ejercer de cronista y relatar las circunstancias concretas en que nació cada convento. Teresa cuenta cada hecho con sumo detalle, y no por gustar de lo anecdótico, sino para que su fidelidad a lo concreto la entrañe aún más en el corazón del lector. Se muestra entonces habitando su época y su mundo hasta el fondo, como si solo la sinceridad del vivir radicalmente lo relativo pudiera llevarnos a la universalidad.

Dios le había prometido a Teresa durante un rezo: "Espera poco, hija, y verás grandes cosas" (1, 8). La infatigable buscadora ya se ha hecho una con la voluntad divina y ha perfeccionado su carácter y su rezo. Ahora es el momento de devolverle al mundo lo recibido, y relatar los efectos. Las fundaciones son el florecimiento y la fructificación en obras de todo un proceso de entrega a la oración.

En las páginas de libro se puede ver cómo la voluntad divina se impone una y otra vez a cada dificultad, cada duda, a los escollos del camino y las pruebas continuas del demonio, incluso a las presiones por parte de los que se oponían a Teresa. "El amor de contentar a Dios y la fe hacen posible lo que por razón natural no lo es" (2, 4), escribe ella. Y mientras tanto, nos habla de las personas santas que conoce y la ayudan, e intercala cuestiones sobre oración, consejos para tratar las visiones y reflexiones sobre la melancolía.

Todos los sucesos que ella recoge son contados simplemente para probar que basta con entregarse a Dios. O, en palabras de la propia Teresa, que solo Dios basta.

LAS MORADAS O EL CASTILLO INTERIOR

Las moradas o *El castillo interior*, última gran obra de Teresa, es el intento de traer el silencio a la palabra, o poner el camino espiritual, interior, sutil, por escrito. Crear una alegoría para hacer comprensibles las realidades más hondas. De nuevo, como sus otros textos, acto de amor.

Taresa tiene más de sesenta años cuando se sumerge en la redacción de este libro. Pide ayuda a lo alto para que Dios le dicte lo que debe decir: "Envía, Señor mío, del Cielo luz" (5ª. morada, 1, 1).

El alma es en las páginas de la obra un paraíso, "como un castillo todo de diamante o muy claro cristal, adonde hay muchos aposentos, así como en el Cielo hay muchas moradas" (1.ª morada, 1, 1). La peregrina se adentra en la aventura como los caballeros de los libros que leía de niña. El viaje es a la vez discernimiento de los distintos estados por los que pasa el buscador. Alejada de toda simplificación, Teresa es capaz de expresar la complejidad de cada situación como solo puede hacerlo quien ha penetrado en el centro del castillo, sumergida en la unidad del ser. Es desde ahí desde donde el discernimiento aflora.

"La puerta para entrar en este Castillo es la oración y la consideración" (1ª. morada, 1, 7), dice Teresa. En las segundas moradas están los que ya han empezado a rezar y están trabajando para rimar la voluntad propia con la divina. En las terceras hay muchas personas, todas aquellas comprometidas con hacer lo que pide Dios, pero que usan en exceso la razón para imponer lo que viven a los otros. Teresa insiste: "No está el negocio en tener hábito de religión o no, sino en procurar ejercitar las virtudes y rendir nuestra voluntad a la de Dios en todo" (3ª. morada, 2, 6). En la cuarta morada el corazón se amplía y eso genera gran alegría, pero los contentos espirituales se mezclan aún con nuestras pasiones y generan sollozos que no vienen de Él. "Lo más sustancial y agradable a Dios es que nos acordemos de su honra y gloria y nos olvidemos de nosotros mismos" (4ª. morada, 3, 6), escribe. Y añade: "No está la cosa en pensar mucho, sino en amar mucho, y así, lo que más os despertare a amar, eso haced" (4ª. morada, 1, 7). En la morada quinta el gusano ya es mariposa. Llega la paz pero permanece cierta insatisfacción por lo creado. El alma no halla lugar donde descansar. Aparece entonces un peligro: los regalos recibidos pueden generar amor propio. En la sexta morada el orante ha abandonado ya su amor por sí, ha entregado su voluntad a Dios, y siente a la vez dolor y dulzura del corazón. Dulzura, porque el alma entiende ahora muchos secretos y por la experiencia de la unión; dolor, porque la peregrina no querría estar ya en esta vida, sino fundida para siempre con su creador. En la última morada la pena se marcha, porque Dios está con el alma ("una estancia, adonde solo su Majestad mora, y digamos otro Cielo", (7ª. morada, 1, 3). El dolor desaparece porque quien ya ha encontrado ahora entiende que el fin último de quien ora son las obras y puede entregar su vida por completo al servicio de Dios. Estas almas "no solo no desean morirse, sino vivir muy muchos años padeciendo grandísimos trabajos, por si pudiesen que fuese el Señor alabado por ellos, aunque fuese en cosa muy poca" (7ª. morada, 3, 6).

El mapa espiritual que nos regala Teresa sigue vigente cinco siglos después. El buscador puede mirarse en él como en un espejo.

OTRAS OBRAS

Teresa escribirá más textos, considerados hoy en día menores. Las denominadas *Relaciones* por el padre Silverio, recogen seis relatos autobiográficos escritos a lo largo de 21 años, desde 1560 a 1581. Teresa cuenta los cambios que se van operando en ella, habla de los 22 años pasados de sequedad espiritual (*Relación cuarta*), explica a fondo conceptos como el arrobamiento, la herida o el ímpetu (*Relación quinta)* y confiesa la profunda certidumbre que siente de Dios (*Relación sexta*, escrita en 1581).

El padre Silverio denominó *Mercedes* a 61 textos sueltos, que Tomás Álvarez incluyó luego dentro de las *Relaciones*. Teresa va anotando lo que Dios le revela. La respuesta que viene de los cielos trasciende casi siempre la pregunta que la orante ha lanzado. Dios se le muestra más grande que lo que cabe en su imaginación: "No trabajes tú de tenerme a Mí encerrado en ti, sino de encerrarte tú en Mí" (*Relaciones*, 18) le dice el Señor al corazón. En un momento dado, ella pregunta si hay más virtud en la pobreza o en la caridad, y recibe esta respuesta: "Pues era lo mejor el amor, que todo lo que me despertase a él, no lo dejase, ni lo quitase a mis monjas" (*Relaciones*, 39). Además, Dios le pide que no deje de escribir por el servicio que harán a otros sus palabras: "Ya sabes que te hablo algunas veces; no dejes de escribirlo; porque, aunque a ti no aproveche, podrá aprovechar a otros" (*Relaciones*, 53).

Conceptos del amor de Dios, anterior a *Las moradas*, pero de datación incierta, presenta la interpretación por parte de Teresa del Cantar de los Cantares. Para quien está ejercitado en el amor de Dios, dice Teresa, la alusión a los besos de la boca o a los pechos divinos que rebosan no tendrá una connotación lasciva. Teresa se detiene en el verso "béseme el Señor con el beso de su boca" (Cnt 1, 1), porque al alma abrasada por el amor de Dios solo puede suplicar esto.

Fray Luis de León dató las *Exclamaciones del alma a Dios* en 1569, aunque no es una fecha segura. Teresa compone 17 soliloquios apasionados, exaltados, inflamados de amor. Le pide al creador que haga de ella lo que quiere, y le canta especialmente al amor: "Solo amor es el que da valor a todas las cosas" (*Exclamaciones*, V, 2); "¡Oh Amor, que me amas más de lo que yo me puedo amar, ni entiendo!" (Exclamaciones, XVII, 1).

Modo de visitar conventos es un texto de 1576, cuando Teresa tiene 61 años. En él, la fundadora explica cómo deben entrar y actuar los visitadores en los conventos, cómo han de ser los locutorios, cómo la actitud de las monjas.

Ya hemos hablado del *Vejamen* más arriba. Los Pensamientos, apuntes, memoriales, son escritos menores recogidos por Tomás Álvarez, que incluyen desde textos muy personales a otros con fines prácticos. En uno nombra a sus santos preferidos, en otro señala como cercana al martirio la paciencia en las adversidades, y encontramos también cartas de pago, licencias de profesión de las monjas o la renuncia en 1571 a la regla mitigada.

Con 52 años Teresa redacta las *Constituciones* de 1567, que servirán como base para las definitivas de 1581. Tiene 18 capítulos, los 12 primeros de Teresa.

Se conservan casi 500 cartas de la abulense, aunque parece que escribió tres veces más. Las que compartió con san Juan de la Cruz fueron destruidas por él. Otras se perdieron. De especial interés son las que compartió con Jerónimo Gracián, con el que emplea a veces lenguaje cifrado, las que redactó para su querido hermano Lorenzo o las de María de San José, priora de Sevilla y muy querida por Teresa. Teresa utiliza un lenguaje llano, y nos revela en ellas su dimensión más cotidiana y prosaica. "A tiempo que tenía aborrecidos dineros y negocios, quiere el Señor que no trate en otra cosa, que no es pequeña cruz" (24, 12). Convertida en una "gran baratona" (135, 15), a veces, pero muy pocas, deja entrever algunos de sus estados espirituales. Le dice, por ejemplo, a Gracián: "¡Qué libertad tan grande tiene esta mujer en todos los sucesos!" (145, 7). En estos textos podemos ver la preocupación que siente por sus obras literarias, que siempre quiere que lleguen a las personas adecuadas. Y nos regala una ventana a su vida cotidiana: revela a sus seres queridos sus estados de salud, les cuenta lo ocupada que está siempre, da instrucciones precisas sobre las fundaciones, expresa con calidez sus afectos, es sumamente cuidadosa cuando no tiene confianza con la persona a la que escribe. Recibe atún, truchas o manteca, le regalan cocos y agua de azahar. Parece que la muerte la sorprende entre viajes y planes de viajes.

Teresa dice de sí no ser poeta: "Yo sé persona que, con no ser poeta, la acaecía hacer de presto coplas muy sentidas declarando su pena bien, no hechas de su entendimiento" (*Libro de la vida*, 16, 45). María de San José decía que Teresa era capaz de hacer bellos romances de cualquier cosa que le sucedía. Ponía, por tanto, esa capacidad espontánea para la rima al servicio de la vida, alejada de pretensiones más intelectuales. La poesía es una compañera de vida para Teresa, como un reflejo del latido apasionado de su corazón.

Se le atribuyen 31 composiciones: 9 místicas, 13 sobre celebraciones litúrgicas y 9 sobre la profesión de fe de algunas hermanas, incluida una humorística, en la que le pide a los cielos que liberen de parásitos el hábito pobre adoptado por las monjas de San José.

Teresa emplea sobre todo la antítesis y la paradoja en sus composiciones, en particular en el "vivo sin vivir en mí" y "vuestra soy, para vos nací". No está claro si el "nada te turbe" fue creación suya.

TERESA, COMPAÑERA Y MAESTRA, 500 AÑOS DESPUÉS

Teresa sigue viva. Sus textos alimentan mi espíritu aunque contengan a veces elementos que no tienen nada que ver conmigo. Ella es un espejo en el que poder mirarnos y un modelo a la vez al que seguir. Las dos cosas. Es compañera y maestra.

Pero, ¿por qué? ¿Por qué su biografía es un imán para la mía? ¿Hay algún elemento central en ella que la haga traspasar los códigos relativos a su tiempo, su espacio, su condición social o su pertenencia formal a una tradición y la conduzca directamente hasta aquí, hasta mí, hasta ti?

EL 1 Y EL 2

Lo primero que llama la atención al leerla es que ella es capaz a la vez de habitar hasta el fondo su tiempo y de trascenderlo. Es su profundo entrañamiento en sus circunstancias vitales, su compromiso radical con lo que le tocó vivir, lo que la lleva precisamente a liberarse de toda condición; su ser radicalmente particular lo que la volvió universal; su sinceridad concreta la que le regaló la verdad. Teresa habita en la paradoja porque habita en el Uno. Eso significó su matrimonio espiritual con Su Señor. Y al habitar en el Uno puede habitar también en el Dos, que emana del anterior, y desarrollar un profundo discernimiento espiritual.

Teresa une contrarios en su vida continuamente. Le dedica su primera fundación a San José, por el que sentía una devoción particular, pero se le aparece también la Virgen María. Insiste en sus escritos en la necesaria unión de Marta (la que está en la acción) y María (la que ora, la que contempla). Es ella misma la que ora extasiada y la que mercadea como una "baratona" para lograr cada fundación. Contemplación y servicio. Silencio y palabra.

Si intentamos extraer, haciendo un esfuerzo de síntesis, la enseñanza básica que da Jesús en los evangelios, enseguida nos daremos cuenta de que Teresa es una discípula aventajada de su maestro. Podemos acudir a Marcos 12, 28-31, Mateo 22, 36-40, Lucas 10, 25-28. En Mateo, el pasaje es el siguiente:

"Maestro, ¿cuál es el principal mandamiento de la Ley? Él le respondió: Amarás al Señor tu Dios con todo tu corazón y con toda tu alma y con toda tu mente. El segundo es semejante a este: Amarás a tu prójimo como a ti mismo. De estos dos mandamientos pende toda la Ley y los profetas" (Mt 22, 36-40).

Podemos dibujar, cual geómetras sagrados, una línea vertical trazada por el primer mandamiento (el primero, el que habla del uno, de lo eterno, del misterio, de la dimensión jerárquica de lo real) y una línea horizontal dibujada por el segundo (el que habla del dos, de lo temporal, de la creación, de la dimensión igualitaria de lo real), y sentir que se encuentran (porque el segundo es "semejante" al primero, es decir, está hecho a su imagen), conformando una cruz, en un centro que es también el corazón humano. Amar en vertical, en primer lugar; y en horizontal, en segundo lugar, uniendo esos dos contrarios (el creador y lo creado, el absoluto y lo relativo, lo trascendente y lo inmanente, lo indecible y lo manifiesto), es el camino que nos propuso Jesús.

Y es el camino, sin duda, de Teresa, que insiste en que la vida es una cuestión de amor y personifica una y otra vez la unión de María (o conexión con la vertical) y Marta (o conexión con la horizontal).

He podido rastrear esta plantilla básica en el alma y la biografía de otros santos. Francisco de Asís, por ejemplo, compone al final de su vida su *Cántico de las criaturas*, en que alaba a "Dios altísimo" (la vertical) por la bendición que traen distintos seres (el Sol, la Luna, el Agua, la Muerte…), convertidos en ese prójimo depositario del amor y, así, en hermanos (la horizontal).

EL CINCO

Desde ahí, podemos extraer cinco pilares básicos en la vida de Teresa, que se relacionan con esa unificación constante de sus distintas dimensiones, y que pueden servir de espejo a cualquier buscador:

- **El anhelo:** Teresa nunca dejó de tener sed. De niña deseaba por encima de todo vivir aventuras, que se vertían sobre los libros que leía y los juegos en los que se involucraba. De joven ese anhelo se transformó en sed de autenticidad. Ella no quería una vida mediocre. Quería vivir de verdad, amar y ser amada, alcanzar la eternidad, quizá empujada por el dolor de la temprana muerte de su madre. Necesitaba algo que fuera "para siempre, siempre", y aunque vivió muchos años de profunda insatisfacción (quizá esto la llevó al borde de la muerte), halló, ya madura, el camino, infinito, hacia la fuente, a través de la oración. Tener una dirección, sin embargo, no apagó su anhelo. Se preguntó continuamente, hasta el final de sus días, cómo podía unir su voluntad más a fondo con la voluntad divina, cómo servir mejor a Dios, cómo habitar más en el centro del castillo. Porque la sed es en realidad el hilo que utiliza la fuente para tirar de nosotros.

- **La determinada determinación:** "Importa mucho, y el todo, una grande y muy determinada determinación de no parar hasta llegar a ella" (*Camino de perfección*, 21, 2), escribió. Y también: "Ir siempre con esta determinación de antes morir que dejar de llegar al fin del camino" (*Camino de perfección*, 20, 2). Para Teresa cada uno tiene que encontrar su modo particular de servir a Dios, y ese modo, o vocación, debe aliarse con una voluntad férrea, que no pare hasta la entrega completa. Hay gente, por ejemplo, que ha nacido para la oración vocal y otra que lo ha hecho para la oración mental. "El Señor, como conoce a todos para lo que son, da a cada uno su oficio, el que más le conviene a su alma y al mismo Señor y al bien de los prójimos" (*Camino de perfección*, 18, 3). Los oficios de Teresa fueron la oración, la fundación de monasterios y la escritura. ¿Cuáles serán los nuestros?

- **La virtud:** Para Teresa no es posible internarse en camino de oración sin ejercitarse en las virtudes, en particular las tres que recoge en *Camino de perfección*, amor, desasimiento de lo creado y humildad, que son hermanas y "se esconden de quien las posee, de manera que nunca las ve ni acaba de creer que tiene ninguna, aunque se lo digan; mas tiénelas en tanto, que siempre anda procurando tenerlas" (*Camino de perfección*, 10, 4). El amor es lo que da valor a todas las cosas. Un amor que ha de dirigirse primero al creador, y desplegarse desde ahí hacia las criaturas. El desasimiento de lo creado pasa por "darnos todas al Todo sin hacernos partes" (Camino de perfección, 9, 1). Dios se nos va dando poco a poco a medida que nos hacemos capaces de recibir, pero solo se nos da completamente cuando nosotros nos entregamos también enteros. Hay que desasirse de todo lo temporal para caminar hacia lo eterno ("Todo lo que tiene fin no hay que hacer caso de ello", *Camino de perfección*, 12, 2), y cuando rendimos en todo nuestra voluntad a la voluntad divina, entonces la tierra se vuelve cielo: "Esta casa es un cielo, si le puede haber en la tierra, para quien se contenta solo de contentar a Dios" (*Camino de perfección*, 13, 7). La humildad para Teresa es "andar en verdad" (6ª. morada, 10, 7), ni ponerse ni quitarse nada, colocarse en el lugar exacto que ocupamos en relación con Dios. Estar en nuestro sitio. Vaciarnos para acoger la luz divina. La humildad va ligada a la obediencia (ella no dejó de obedecer a sus superiores, aunque no se rendía cuando estaba segura de algo) y a la aceptación del destino propio. Solo haciéndonos pequeños hacemos a la vez grande nuestro corazón: "¿No es linda cosa que una pobre monja de San José pueda llegar a señorear toda la tierra y elementos?" (*Camino de perfección*, 19, 4).

- **La oración (o María):** Teresa ama rezar. Toda su vida es la búsqueda de una oración cada vez más eficaz. "Nunca supe qué cosa era rezar con satisfacción hasta que el Señor me enseñó de este modo" (*Camino de perfección*, 29, 7). Su proceso fue un ir de la oración vocal a la mental, aunque ella no la recomendaba para todo el mundo. Empezaba a rezar casi siempre con el apoyo de un libro sagrado, que utilizaba como llave para abrir las puertas del Cielo. Otras veces tomaba una imagen del Señor o de la Virgen. Desde ahí, su oración se fue elevando. Habla de la oración mental como aquella en la que nos preguntamos quién es Dios y cuál es su naturaleza: "Pensar y entender qué hablamos y con quién hablamos y quién somos los que osamos hablar con tan gran Señor. Pensar esto y otras cosas semejantes de lo poco que le hemos servido y lo mucho que estamos obligados a servir es oración mental" (Camino de perfección, 25, 3). La oración tiene en Teresa algo de autoindagación y se vuelve un ejercicio de atención y consciencia. En la oración se da un predominio de la gracia sobre la voluntad, porque es la gracia la que abre el corazón y posibilita el proceso espiritual.

- **El servicio (o Marta):** El servicio a Dios se hace en Teresa a través de dos vías: la reforma y fundación de conventos, que no es una huida hacia adelante, sino un regreso al origen, un intento de llevar una vida más cercana a la de los primeros cristianos; y la literatura, que es a la vez confesión, autoindagación, revelación de la grandeza de lo divino y enseñanza a sus hermanas. "Sé que no falta el amor y deseo en mí para ayudar en lo que pudiere para que las almas de mis hermanas vayan muy adelante en servicio del Señor. Y este amor, junto con los años y experiencia que tengo de algunos monasterios, podrá ser aproveche" (Camino de perfección, Prólogo, 3).

BÚSCATE EN MÍ

Teresa escucha estas palabras en oración como si buscar a Dios fuera lo mismo que buscarnos a nosotros mismos. Ella debía encerrarse en Él, porque Él es el infinito al que caminamos y la condición de posibilidad de toda apertura o evolución. Algo parecido dijo el profeta Muhammad: "Conócete a ti mismo y conocerás a tu Señor", lo que nos recuerda también al "Conócete a ti mismo" del frontispicio del templo de Apolo en Delfos.

Teresa anhelaba una vida auténtica, que mereciera la pena. Y la halló en la entrega apasionada, enamorada, a Dios, que no es en ella otra cosa que el Uno. Es decir, unir el cielo con la tierra, lo inmanente con lo trascendente, la oración con el servicio, ser amor en vertical (hacia Dios) y en horizontal (hacia el prójimo).

Como estuvo dispuesta, con determinada determinación, a llegar al centro del castillo, su testimonio se vuelve mapa para cada buscador. La leemos y, casi sin darnos cuenta, ya nos hemos puesto en camino. Y entonces, por reflejo de aquel "Búscate en Mí" que ella escuchó como palabras de Su Señor, también podemos buscarnos a nosotros en Ella, y buscarnos en Él a través del espejo y el modelo que nos regala.

Por todo ello, gracias, Teresa.

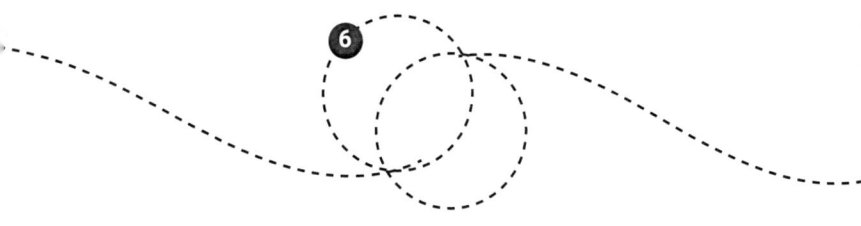

WILLIAM BLAKE Y LA IMAGEN DE LOS MUNDOS ETERNOS.

DE JORGE RODRÍGUEZ ARIZA

A MODO DE INTRODUCCIÓN

No puedo engañar al lector. Reconozco mi decepción cuando, siendo muy joven, vi por vez primera un retrato de William Blake en una enciclopedia de historia del arte. Se trataba de aquella pintura famosa de Thomas Philips pintada en 1807 y que hoy acostumbra a acompañar casi cualquier biografía de Blake en la web (FIG. 1). Me decepcionó porque yo esperaba encontrar a un hombre anciano y enjuto, portando una larga y frondosa barba blanca, como los magos y profetas que poblaban los universos medievales que mi fantasía adolescente generaba al leer algunos fragmentos de sus obras poéticas o al contemplar sus grabados y acuarelas. Sin embargo, la imagen de Blake resultó ser la de un hombre grande, robusto y vital. Leyendo a Chesterton, muchos años después, descubrí incluso que Blake era un hombre fuerte que desdeñaba el riesgo y que vivía en una permanente disposición a exponerse a peligros desconocidos. Escribió Chesterton que Blake, en cierta ocasión, "atacó a un enorme carretero que estaba siendo desconsiderado con unas mujeres y le golpeó del modo más violento".[1] Ciertamente, uno mira su retrato y puede visualizar y creer esa escena sin problemas.

Ahora bien –y vuelvo de nuevo a mi juventud más tierna–, los ojos de aquel personaje sí que me resultaron los óptimos para un artista visionario como él. Casi de forma inevitable vino a mi recuerdo el epígrafe que acompañaba un retrato de otro de mis artistas predilectos de la infancia: el Bosco. Bajo aquella imagen, el grabador del siglo XVI Cornelis Cort había incluido un breve texto en latín que bien pudiera traducirse así:

> *¿Qué ven, Jheronimus Bosch, tus ojos atónitos? ¿Por qué esa palidez en el rostro? ¿Acaso has visto aparecer ante ti los fantasmas de Lemuria o los espectros voladores de Érebo? Se diría que para ti se han abierto las puertas del avaro Plutón y las moradas del Tártaro, viendo como tu diestra mano ha podido pintar tan bien todos los secretos del Averno.*

Algo parecido le pregunté a William Blake cuando tuve delante su retrato, cuando miré por primera vez aquellos ojos inmensos que parecían estar atravesando los velos de este mundo. ¿Qué ven, William Blake, tus ojos brillantes y apasionados? Años después, cuando en la universidad me decidí a profundizar en la obra de este autor, sonreí al encontrar una cita del propio artista que recogía Kathleen Raine en su maravillosa e iluminadora obra *Ocho ensayos sobre William Blake*: "No cuestionaría más mi ojo que una ventana en relación con lo mirado. Miro a través de él, no con él".[2] Esta manera de abordar la realidad –enfrentada por completo a la cosmovisión racionalista poscartesiana de la mayor parte de los intelectuales contemporáneos a Blake– es la única capaz de ofrecer una mirada que vaya más allá del pobre y limitado literalismo, el cual cercena las posibilidades de contemplar la profundidad del mundo que habitamos. El propio Blake, en estos versos de *El evangelio eterno*, refuerza poéticamente esta idea:

Esta vida oscura de las ventanas del alma
distorsiona los Cielos de polo a polo
y te hacen creer una mentira
cuando miras con los ojos, y no a través de ellos.

Ahí está una de las claves, querido lector, de toda la obra visionaria y profética de William Blake: no miramos con los ojos, sino a través de ellos, igual que no vemos con la ventana, sino a través de ella. ¿Y cuál es, entonces, el verdadero órgano de la visión para nuestro poeta? La imaginación. He aquí la clave (diría incluso que la clave de bóveda) de toda la producción artística de William Blake.

Pero ¿cómo llega alguien a este tipo de certezas? ¿Qué clase de vida conduce a un artista a la creación de obras que dan testimonio de los mundos invisibles a los ojos corporales? ¿Era Blake una *rara avis* o existe una tradición visionaria a la que lo podamos filiar? Para resolver estas preguntas, propongo al lector un viaje que nos permita, justamente, arrojar una mirada al paisaje cultural de la época de Blake para entender dónde y cómo se fragua una obra tan peculiar. Después echaremos una mirada a los mundos invisibles, imaginación mediante, para finalmente mirar la posteridad de la obra blakeana o, lo que es lo mismo, mirarnos.

ENTRE LAS BAMBALINAS DE LA MODERNIDAD

No quiero pecar de tradicionalista. Sé que Blake es moderno en muchos sentidos. De hecho, reconozco en su obra a la mejor modernidad. Sin embargo, lo que en su arte brilla con un fulgor genuino y poderoso es justamente lo ancestral, lo tradicional o incluso lo atávico. Y su destello es tan grande e intenso que por necesidad debió cegar a la mayoría de sus contemporáneos intelectuales, los cuales no querían saber ya nada de todo aquello que remitiera a la experiencia visionaria como forma de acceso a la Verdad. Para los eruditos ilustrados, el mito, la mística o el esoterismo era algo que pertenecía a los tiempos de la superstición y la ignorancia; aquellos tiempos en los que la humanidad era todavía infantil. Esta reduccionista y soberbia visión de las cosas, que era la imperante en los tiempos de Blake, no podía más que obviar e incluso denostar su arte, el cual poco tenía que ver con el espíritu de los tiempos que le había tocado vivir. Esto no quiere decir que nuestro poeta permaneciera ajeno a los acontecimientos de su época, como la Revolución francesa o la Independencia de los Estados Unidos de América; todo lo contrario, les confirió una cuidadosa atención. Sin embargo, para Blake, tales acontecimientos poseían un valor no solo histórico, social o político, sino también metafísico, casi como si la historia fuera un modo exterior de un drama cósmico cuyo reflejo se encuentra en el corazón de las sociedades, así como en el de cada individuo, esto es, en cada microcosmos. Insisto: nada que ver con el pensamiento de su época.

Durante la vida del artista, únicamente un pequeño grupo de seguidores lo consideraron un maestro capaz de generar una obra en la que sobrevivía una belleza original, pura y primitiva. Sobra decir que nada de esto último interesaba a los hijos predilectos del Siglo de las Luces, cuyas veleidades racionalistas iban en contra de toda la cosmovisión desde la que Blake genera sus obras de arte. El rechazo, como no puede ser de otro modo, era mutuo.

Nuestro poeta conocía bien las teorías de sus adversarios. Había leído las obras de Isaac Newton, John Locke y Francis Bacon, a quienes identifica como "tres grandes maestros del ateísmo y de la doctrina de Satán". Ciertamente, estos tres autores son los pilares del pensamiento dominante de la época y encarnarían lo que Blake llamó la "religión natural", ante la cual no siente más que aversión y desprecio: "El que cree en la Naturaleza desconfía de Dios". Puede sorprendernos que Blake afirmara algo así, máxime cuando hoy conocemos las teorías de corte espiritualista que sobre el arte y la naturaleza establecieron poco tiempo después los románticos, continuadores de algún modo de la visión de la que participaba nuestro autor. Sin embargo, debemos entender esto en su contexto y bajo la mirada de Blake, para quien el Siglo de las Luces fue el lugar de nacimiento de la fría ciencia moderna, el empirismo, el escepticismo, el deísmo e incluso el ateísmo. Todo esto condujo a un culto a la naturaleza en sí misma, a la naturaleza como Dios, o lo que es lo mismo: degeneró en idolatría. Rousseau, por su culto a la naturaleza, ocupó un lugar de "honor" entre los adversarios de Blake, para quien la naturaleza, si se entendía como un universo autónomo, se tornaba en algo necesariamente demoníaco.

Y, a pesar de todo, este espíritu tan a la contra de las corrientes de su tiempo resultó como una chispa en medio de la oscuridad, una chispa que prendió la mecha de una lámpara que, décadas después, devino históricamente imprescindible. Cuando años más tarde el racionalismo y el escepticismo ya ahogaban a las sociedades occidentales, cuando el universo y la naturaleza se manifestaban bajo un árido desencanto, cuando las religiones oficiales se habían perdido en su propio moralismo olvidando la gnosis, el arte vino entonces a ocupar el lugar de la religión y a dotar de sentido a la vida. De la mano de románticos, prerrafaelitas y simbolistas –todos ellos hijos y nietos espirituales de Blake– el espíritu volvió a soplar en medio de la cultura occidental.[3] Aquel hombre denostado por la filosofía (¿diríamos mejor pseudofilosofía...?) de su tiempo, resultó ser una puerta que permitió que el mejor y más profundo arte pudiera escapar y sobrevivir a los embistes de una modernidad cada vez más obtusa y abstracta.

Afortunadamente se la ha hecho justicia. Hoy en día nadie podría dudar del lugar que ocupa Blake en la historia de la literatura; Inglaterra misma lo eleva al rango de "tesoro nacional", colocándolo junto a Shakespeare o Milton. Por otro lado, su trabajo como grabador o pintor lo sitúa cerca de otras grandes figuras, como Füssli o Goya. Más aún, su trabajo artístico está en absoluta consonancia con el que acometieron aquellos anónimos miniaturistas del medievo, cuyo modo de concebir los libros recuperó Blake cuando decidió que texto e imagen debían ir juntos, que la imagen no es un mero ornamento o ilustración del texto, sino que ambos son interdependientes en forma y fondo.

En nuestros días, de hecho, es fácil comprobar que existe un Blake al gusto de cada cual. Todos quieren apropiarse de alguno de sus rasgos. Y es natural. Una figura tan grande y compleja se presta a muchas definiciones: revolucionario, loco, premarxista, hereje, místico, profeta de la contracultura, padre del romanticismo, abuelo de la psicodelia, etc. Para mí, Blake es un brillante eslabón de la cadena que une a todos aquellos que fueron capaces de actualizar con su arte aquello que guardan los textos sagrados de toda la humanidad. A partir de las formas de este mundo, Blake y tantos otros han visto el otro. En efecto, la praxis del arte fue para él una vía espiritual. Qué suerte, entonces, contar con la obra inspirada de un poeta y visionario como Blake, quien generosamente nos brinda un poco de su experiencia para estimular la nuestra.

FORJANDO UN CARÁCTER

Claro que Blake jugaba con algo de ventaja. Algunos individuos, tocados por un don, son capaces de ver de forma natural y espontánea algunas cosas que median entre los mundos visibles e invisibles. Son traductores de lo invisible, un poco como las vidrieras góticas, que son capaces de convertir en imagen y color lo que guarda la luz divina que pasa a través de ellas.

Sabemos que Blake tuvo visiones desde su infancia. A los nueve años, estando en un parque, vio ángeles en la copa de un árbol, casi como si fueran brillantes pajarillos que allí se habían posado y que, como estrellas, adornaban cada una de las ramas con su luz. Esta es, hasta donde se sabe, la primera visión de Blake. Pero vendrían decenas más, en vigilia, en sueños o en duermevela. Cabe señalar que sus padres, un matrimonio perteneciente a la clase pequeñoburguesa de Londres, no recibieron con agrado la peculiar capacidad de su retoño. No obstante, en todo lo demás, estos le brindaron siempre cualquier apoyo que pudiera necesitar, si bien los medios económicos no fueron siempre los idóneos. Respetaron, sin embargo, sus inclinaciones espirituales y filosóficas y dejaron incluso que no fuera a la escuela. En su lugar, Blake pudo aprender el oficio de dibujante y grabador del maestro James Basire, en cuyo taller entró cuando contaba con 14 años, en 1772. No era lo mismo que acceder a una escuela de pintura –mucho más cara–, pero nuestro autor supo sacar todo el provecho posible.

Vale decir que el estilo de su maestro de taller, miembro de la Royal Society, era considerado algo anticuado en aquel entonces. Sin embargo, tal cosa era del agrado del joven Blake, quien disfrutaba de los ejercicios que Basire le proponía, como, por ejemplo, ir a dibujar estatuas y monumentos funerarios de las diversas iglesias góticas de Londres. Cuando el Neoclasicismo era el estilo imperante e imperioso, cuando estaba en boga la pintura veneciana o flamenca y cuando Rubens volvía a la palestra, Blake dibujaba edificios medievales. Lugares de leyenda en los que, además, seguía teniendo sus visiones, como aquella procesión de monjes en la abadía de Westminster. No se podía ir más a la contra de la cultura dominante: apariciones de ángeles, monjes o apóstoles en medio de lugares enraizados a un pasado medieval que la Ilustración pretendía hacer pasar por una época de barbarie e ignorancia.

Esta manera libre y particular de aprender, sumada a sus circunstancias familiares, que le privaron de una más profunda y extensa cultura, lo llevó a practicar un autodidactismo que, en ocasiones, adolece de algunas carencias que sus críticos no tardarían en señalar: errores ortográficos y gramaticales, juicios filosóficos emitidos sin un fundamento claro, imprecisiones en lo científico, etc. Y en cuanto a su oficio como grabador, es cierto que resulta muchas veces prosaico y casi ingenuo. Sin embargo, la frescura y la originalidad de su arte son indiscutibles, así como el genio a la hora de encontrar soluciones y técnicas muy resolutivas. Vale la pena recordar que era su propio hermano difunto quien, en sueños, le revelaba tales técnicas. Todo esto, sumado a su exploración de los mundos infinitos, dota de un carácter muy especial a su obra, la cual debe situarse dentro de categorías especiales, muy fuera de lo común. Lo que conecta a Blake con artistas semejantes no es el estilo, sino la fuente de la que mana aquello de lo que está bañado su arte.

Si bien ese hontanar es intangible, existen libros y escritores que, de algún modo, son los arcaduces por los que manan esas aguas vivas e inspiradoras para los más grandes y profundos artistas. Blake, evidentemente, se relacionó con esas obras literarias desde muy joven.

La primera de ellas, acaso la más importante, fue la Biblia. Los padres de Blake pertenecían a una secta religiosa, una escisión de la Iglesia anglicana, razón por la cual el estudio de este libro formó parte del ambiente familiar en el que se crio Blake. Para este, la Biblia debía ser leída a la luz de la conciencia y no acatada sin más. Una tal libertad a la hora de abordar las Sagradas Escrituras ofrece una imagen de nuestro autor que, para cualquier creyente medio, no dista mucho de la de un hereje de tipo gnóstico: "Creyendo como yo creo que quien ha hecho este mundo es un ser muy cruel y siendo adorador de Cristo, no puedo evitar decir: ¡El Hijo, ah, qué poco se parece al Padre!".[4]

Blake habría sido un hereje, pero no un descreído. Así lo entendió el poeta prerrafaelita Algeron Charles Swinburne, uno de sus herederos espirituales. Ciertamente, para nuestro autor la Biblia no era tanto una doctrina como una fuente de inspiración manada directamente de la Palabra de Dios.

Blake leyó también con atención el *Corpus Hermeticum*, un conjunto de textos griegos de origen egipcio redactados entre los siglos II y III d. C. que es una de las más brillantes perlas del neoplatonismo antiguo. La Tradición los atribuye a Hermes Trismegisto, quien fue rey, sacerdote y profeta, y cuya figura se parece, asimila, se funde –y confunde– con la del homónimo Hermes, el dios griego de la elocuencia o la comunicación, y con Thoth, la divinidad egipcia de las letras, la geometría, la medicina o la teología. La estela del hermetismo puede seguirse a través de la historia de la cultura y de la espiritualidad hasta llegar al propio Blake, quien de algún modo repiensa todo aquello que fueron forjando sus predecesores. La ya referida Kathleen Raine lo sintetizó muy bien cuando escribió:

El sistema de Blake, que a menudo ha parecido oscuro a
académicos formados en universidades occidentales
modernas, en realidad se basa en Platón y los presocráti-
cos, Plotino y la sucesión neoplatónica, que a través de
Ficino y la escuela florentina continuó siendo, tanto fuera
como dentro del cristianismo, la corriente dominante de
la civilización europea hasta ser reemplazada por la
escuela científica moderna.[5]

El interés de Blake por las fuentes de la gnosis lo llevó
incluso más lejos de los límites europeos y mediterráneos.
Fue, por ejemplo, uno de los primeros occidentales que
leyó una traducción de los Vedas y también del Bhagavad
Gita. Queda entonces claro que el poeta buscó los modos
de expresión de la Verdad también en otras tradiciones
y no únicamente en la suya particular. Abierto a la inspiración venida también de Oriente, Blake mostraba un
corazón sensible y abierto a todos los caminos que la
Verdad ha empleado para llegar al ser humano.

En cuanto a los autores concretos, aquellos que la
historia de la cultura tiene bien situados –aunque no
necesariamente bien comprendidos–, Dante Alighieri
fue uno de aquellos que influyeron sin duda a Blake.
Prueba de ello son las imágenes que este realizó para la
Divina comedia (FIG. 2), un proyecto que, por desgracia,
quedó inacabado. También realizó nueve láminas excep-
cionales para *El paraíso perdido*, de John Milton (FIG. 3).
Este último autor requiere un lugar más cercano todavía
a Blake; tan cercano que este lo consideró como un igual,
casi como si él mismo fuera la encarnación del poeta del
siglo XVII. Era tan grande la cercanía y la familiaridad

que, de entre sus visitantes del otro lado de la tumba, Milton era el más habitual.[6]

Otro de los nombres propios que nos ayudan a entender la formación de William Blake es el del alemán Jakob Böhme, un místico y teósofo luterano del siglo XVII. Su obra vino a ser la unión de la teología del Maestro Eckhart con la de Nicolás de Cusa en consonancia con la visión de la naturaleza de Paracelso. Sin embargo, la fuente de su conocimiento no venía tanto del estudio libresco (era un sencillo zapatero sin demasiadas posibilidades de acceder a la alta cultura), sino de sus visiones de entidades sobrenaturales y de sus experiencias extáticas. Este rasgo de Böhme lo hace muy cercano a Blake, para quien la experiencia visionaria es la fuente principal de la gnosis. Escribió el propio místico luterano:

> *Nunca deseé saber nada del misterio divino, mucho menos comprendí la forma de buscarlo o encontrarlo. Solo busqué en el corazón de Jesucristo […] y entonces se abrió una puerta y en un cuarto de hora conocí más que si hubiera pasado muchos años seguidos en la Universidad.*[7]

Su primera visión ocurrió en 1600, cuando un cliente, al salir del local de Böhme, en la ciudad de Goerlitz, le llamó por su nombre tres veces y le ordenó que saliera de la tienda. El zapatero obedeció y escuchó, perplejo, el mensaje de aquel hombre misterioso: él, un pobre y prácticamente iletrado artesano, estaba destinado a experimentar y comunicar los modos de manifestación de Dios. Diez años después tuvo otra iluminación, lo que le llevó a escribir su primera obra: *Aurora* (1612), la cual circuló de forma privada entre algunos amigos y que, poco a poco, fue adquiriendo peso en la vida espiritual de su comunidad. Tal cosa le ocasionó problemas con el pastor de Goerlitz, cuya teología no era compatible con lo que el teósofo alemán había escrito y, supuestamente, experimentado. Le Iglesia luterana, finalmente, le prohibió que escribiera e incluso llegó a desterrarlo, considerándolo un hereje. Pero el impulso del Espíritu fue mayor que cualquier dificultad de este mundo y Böhme continuó escribiendo y comunicando todo el conocimiento experimentado desde aquel encuentro con el hombre misterioso, quizá un ángel. Una entidad que, en todo caso, resultó ser la iniciadora en la teosofía para aquel zapatero remendón y que, en esencia, sería también la que acompaña a todos aquellos que pueden acceder a ciertos grados de gnosis.

No costaría en absoluto imaginar a Blake en relación permanente con este tipo de entidades mediadoras entre los mundos, las cuales no gozan de mucha credibilidad cuando sus mensajes no se ajustan por completo a las convenciones culturales de cada momento. Nuestro poeta visionario, si bien no corrió una suerte tan funesta como la de Böhme, tampoco tuvo una vida sencilla y la cultura oficial de su tiempo –eclesiástica, filosófica o científica– le dio la espalda.

Pero si hubo un autor cuya doctrina supuso un verdadero sustrato para el arte de William Blake fue el científico y filósofo sueco Emanuel Swedenborg. Investigador dentro de áreas tan alejadas de la espiritualidad como la mineralogía, la física o la anatomía, tuvo a sus 53 años un encuentro que le condujo hacia un despertar espiritual, tras el cual volcó todo su talento en un proyecto de reforma del cristianismo. Según el propio Swedenborg, Jesucristo mismo le reveló su preocupación por el rumbo de la Iglesia y le anunció que él era el indicado para explicar al mundo el camino correcto. De hecho, Cristo le confiere autorización para explicar a la humanidad los secretos de la vida después de la muerte, unos secretos que a Swedenborg le son revelados mediante viajes al Cielo y al Infierno, los cuales son realizados a voluntad y en los que

puede incluso conversar con ángeles, demonios y otras entidades sobrenaturales.

En 1758 aparece publicado su libro más célebre: *Sobre el Cielo
y sus maravillas y sobre el Infierno, de lo escuchado y visto*. Hay
mucho de lo que este libro recoge que bien puede asemejarse
al modo en el que Blake interpreta la figura de Cristo, la cual
no es abordada desde el punto de vista histórico, sino como la
imagen divina manifestada en todas las religiones humanas.
Blake, al igual que el sabio sueco, consideraba que una nueva
edad de la revelación cristiana estaba a punto de llegar. De igual
modo, las múltiples correspondencias que vinculan el mundo
espiritual con el sensible es algo en lo que Blake y Swedenborg
se expresan de forma similar, cosa, por otro lado, natural, puesto
que todo ese mundo intermedio –del que hablaré más adelante
con detenimiento– es una de las claves del esoterismo. Vale
decir, sin embargo, que el genio artístico de Blake logra
conferir a la obra de Swedenborg, así como a cualquier es-
quema neoplatónico, la elocuencia y la poesía necesarias
para reactualizar unos sistemas que, por sí mismos, pueden
resultar muy áridos.

Cabe decir, sin embargo, que la actitud de Blake ante la
doctrina de Swedenborg fue compleja y cambiante, tal y como demostró fehacientemente Morton D. Paley.[8] Es verdad
que acudir a las reuniones de los seguidores londinenses de
aquel científico convertido en profeta fue para Blake lo más
parecido a pertenecer a un grupo. Parece que incluso algunos
de sus familiares habían formado parte de esa nueva Iglesia
fundada por el apóstol sueco. Aun así, el propio artista sati-
rizó a Swedenborg y a sus seguidores en su libro *Las bodas
del Cielo y el Infierno*, el cual es prácticamente una parodia de
la anteriormente citada obra de Swedenborg. En otra obra,
Blake llama al sabio sueco "Sansón rapado por las iglesias".
Ciertamente, Blake era todo menos dócil, y respondía solo

ante Dios, ese Dios que está en el Hombre y en el cual se contiene todo el Universo. Ese Dios cuyo misterio solo puede ser experimentado desde la más eminente de las facultades humanas: la imaginación.

IMAGINACIÓN Y APERTURA DE LOS MUNDOS ETERNOS

Aunque ya resulta obvio, no es baladí aclarar que, cuando en la cosmovisión tradicional nos referimos al término "imaginación", no nos referimos a la mera fábula, a la mentira o a la fantasía. La entendemos, más bien, como esa región intermedia entre el mundo visible y el mundo invisible; como ese lugar donde la materia se espiritualiza y el espíritu se materializa. La entendemos, en definitiva, como el lugar del símbolo, tal y como nos lo enseñó el islamólogo Henry Corbin, quien latinizó el término árabe *ʿālam almiṯā* como *mundus imaginalis*.[9]

De algún modo, la manera que Blake tuvo de referirse a la imaginación es solidaria con todas las teorías que 150 años después expuso el estudioso francés. Dentro del pensamiento y la obra de Corbin, la imaginación se entiende como la producción mágica de una imagen. Toda acción creadora es mágica y la imagen se define entonces como un cuerpo en el que se encarnan la voluntad o el pensamiento del alma. Dicho de otro modo, la imaginación es una potencia mágica creadora que, dando lugar al mundo sensible, produce el Espíritu en formas y colores.

En buena parte, Blake resulta uno de los mejores ejemplos para entender toda la teoría que desarrolla Corbin, si bien el poeta y visionario inglés la lleva más allá en algunos sentidos, como por ejemplo, cuando escribió:

La imaginación es el mundo real y eterno, de la cual este universo vegetal no es más que una leve sombra y en el

*cual viviremos en nuestros cuerpos imaginativos o
eternos cuando estos cuerpos vegetales y mortales ya no
existan (Jerusalén. La emanación del gigante Albión).*

Por esto mismo, se entiende que la imaginación no ve con
el ojo, sino a través de él. "Que Dios nos guarde –escribió
Blake– de la visión simple y del sueño de Newton". En efecto,
este padre de la ciencia moderna exploraba, analizaba, medía
con sumo cuidado ese universo vegetal inferior, esa sombra
de la realidad, pero era incapaz de ver más allá y reducía la
verdad a lo cuantificable. Así fue como Blake representó a
Newton, el cual aparece satirizado como un pequeño demiur-
go, obsesionado con sus cálculos científicos y ajeno a cualquiera otra cosa[10] (FIG. 4). Blake tenía muy claro que los
sentidos no son facultades de conocimiento, ya que estos son
pasivos. La imaginación, en cambio, es activa, creativa.
Escribió nuestro poeta: "El arte es el árbol de la vida. La ciencia es el árbol de la muerte". No cabe añadir mucho más.

Blake entiende la imaginación como el cuerpo de la humanidad divina. Un cuerpo no sometido a las categorías
cartesianas de espacio y densidad. Se trata, más bien, de un
cuerpo capaz de ser el vehículo de una realidad humana que
habitaba el Paraíso. El hombre, retornado al estado edénico,
es capaz de relacionarse con las piedras o las gotas de agua
como si fueran personas vivas y no objetos inertes. Pues bien,
esa comunicación es posible gracias a la imaginación, la cual
parece haber sido sepultada por el materialismo y el nihilis-
mo, frutos envenenados de la peor modernidad.

Pero no está todo perdido. El ser humano no puede dejar
de ser lo que es, por más que su naturaleza prístina y genuina
reste sepultada. Para Blake, resulta obvio que aún podemos
volver a ser hombres totales, verdaderos, tal cual lo es Cristo.
He aquí otra de las claves: la figura del Salvador y su cuerpo

glorioso. Recordemos que, para Blake, todo existe en la imaginación humana. El mundo existe porque lo vemos en nosotros. Más aún: en realidad todo lo vivo es humano, justamente porque está en nuestra imaginación. Escribió Blake:

> *Porque todo son Hombres en la Eternidad. Ríos, Montañas, Ciudades, Pueblos.*
>
> *Todos son Humanos y cuando se entra en su Seno se camina*
> *Por cielos y tierras, igual que en vuestro Seno se alberga*
> *vuestro Cielo.*
>
> *Y vuestra Tierra y todo lo que contempláis; aunque parezca*
> *estar Fuera, se halla Dentro.*
>
> *En vuestra Imaginación, de la que este Mundo de Mortalidad*
> *no es sino una Sombra.*[11]

El mundo de la imaginación es el mundo de la eternidad, en cuyo seno existen realidades permanentes que vemos reflejadas en este otro mundo que nos circunda y que creemos autónomo y autosuficiente. Pues bien, ese seno de la eternidad donde se albergan las cosas inmortales y perennes es el cuerpo divino del Salvador, verdadera vida eterna, imaginación humana. Cristo ha de venir en el final de los tiempos para expulsar a la temporalidad, para que lo eterno pueda establecerse. Ese es el Reino de Dios.

Para los científicos con más predicamento en los tiempos de Blake, como por ejemplo, el ya mencionado John Locke, la imaginación es poco más que otra manera de referirse a la fantasía y, por lo tanto, cuenta muy poco. Locke y todos los de su cuerda prefieren poner toda su atención en la mente, la cual sería algo así como una tabula rasa que actuaría como un espejo pasivo de una naturaleza mecanizada. Este dogma del empirismo es todo lo contrario a lo que nos trae Blake, para quien la imaginación es a la vez la persona y el lugar donde suceden todos los acontecimientos y donde se manifiestan todos los seres. Solo la imaginación permite al hombre abrir sus ojos inmortales y dirigir la mirada hacia el interior. Profundizar en esas regiones interiores es expandirse en el seno de Dios.

En la obra de Blake, los demonios acostumbran a representar, precisamente, todo aquello que nos intenta convencer de que la imaginación es solo lo que no existe, aquello irreal, fantasioso. Locke –maestro del ateísmo y de la doctrina de Satán, según nuestro poeta– sería uno de los esbirros de los demonios y toda su filosofía nos conduciría al reino de la muerte o, lo que es lo mismo, al mundo espaciotemporal desligado de la Verdad. La imaginación, en cambio, al ser incorpórea, no está situada en el espacio ni en el tiempo; no obedece al cambio y, por lo tanto, no puede degenerar en putrefacción. Todo lo contrario: es fuente de vida. Antes o después –si es que podemos emplear estos términos temporales– habitaremos en esa vida que está fuera del tiempo. Resucitaremos, esto es, recuperaremos "la humana forma divina" sobre la que escribió Blake.

Para acabar, insistiré una vez más en lo que nuestro poeta también insistía: el mundo existe en nosotros, por eso lo vemos. Dijo la siempre brillante Kathleen Raine, glosando a Blake, que el mundo es conciencia y que cada cambio de conciencia modifica el mundo. Pero ahora las modificaciones son solo espejismos, porque creemos que el mundo existe fuera de nosotros. Así, las modificaciones devienen falsedad. Al final todo ese producto no es más que materia muerta o destinada a la muerte mutando de forma mortal en forma mortal; sin vida, sin significado, sin sentido. Estamos vaciando de vida y de ser a la naturaleza. Está llena de cosas, pero son cosas estériles porque en nuestra conciencia no hay auténtica vida ni ser. Esta es la naturaleza demoníaca a la que se refería Blake.

Ciertamente, hemos sustituido la imaginación por el agnosticismo, el ateísmo, el racionalismo y otros ismos perversos, de modo que nuestra visión, relación y vivencia de la Naturaleza no es ya como la que tuvo el ser humano primordial. En nuestra era, solo los profetas y algunos poetas poseen esa otra mirada, esa segunda visión; aquella que se vuelve hacia el interior, la que posee la capacidad de ver a través de este mundo lo eterno del mundo no caído. Sirva la obra de Blake como una invitación al arte verdadero, aquel que, según nuestro poeta, practicaban los apóstoles y discípulos de Cristo. Un arte nutrido por la imaginación y que, por eso mismo, deviene práctica espiritual y actúa como canal para ver los mundos eternos. Si el artista verdaderamente se ha desligado de la doctrina de Satán, no podrá hacer otra cosa más que alabar a Dios mediante su obra. Una obra artística angélica que podrá reunir los mundos superiores con los inferiores, los visibles con los invisibles. Cuando las obras de arte se han nutrido de la imaginación estas se convierten en los peldaños de la escalera de Jacob (FIG. 5).

PARMÉNIDES Y LA PRESENCIA ÍNTIMA DEL SER

DE NACHO BAÑERAS

Las yeguas, que me llevaron tan lejos como mi ánimo querría desear, me transportaron; así, conduciéndome, me pusieron en el célebre camino de la diosa, camino que conduce hacia el ver que ilumina a través de todas las cosas.

¿Y si el motor hacia la verdad / contemplación es nuestro deseo?

¿Y si la filosofía es un camino iniciático?

¿Y si los filósofos son psicopompos, esto es, guías y acompañantes del alma?

¿Y si el pensar racional es solo una forma y modelo posible de pensar?

¿Y si la contemplación fuera una experiencia de unidad que acontece con el descentramiento del yo?

Parménides (aprox. 540-470 a. C.) es el filósofo que nos va a servir de psicopompo. Aunque esta práctica y concepción del filósofo también ha caído en el olvido, un psicopompo es un conductor de almas, un acompañante. Alguien que, aprovechando las puertas que nos va abriendo la vida y que son multitud: las dudas cotidianas, el sufrimiento, el miedo a la muerte, una separación, un proceso de duelo, la angustia o la ansiedad, la alegría, el amor, las decepciones, una mala autoimagen, la dificultad para dormir, en fin, etc., nos lleva a un proceso de desvelo que, partiendo de nuestras creencias, va difuminándolas hasta acercarnos al misterio, a la experiencia de no saber o hacia la actitud serena, por poner algunos ejemplos de posibles destinos.

Elegir, entre tantos, a Parménides ha sido fácil. Escribe un poema[1] y este es, claramente, un camino iniciático, uno de los primeros caminos iniciáticos en Occidente de los que tenemos constancia.

Este poema canta y relata una misteriosa Revelación, desacostumbradamente, de una diosa.

Resumidamente, gracias a ella, a la Revelación y a la diosa, el protagonista es conducido hacia una vivencia de contemplación a través de la cual accede a la experiencia de la Verdad.

Si nos fijamos, de entrada, ninguno de estos elementos lo asociamos a la filosofía tal y como la conocemos actualmente, por más que el filósofo escogido, de una forma machacona, lo aprendimos como uno de aquellos filósofos que, sin aparentar decir mucho, construye el mito del inicio de la filosofía racional en Occidente. ¿Desde cuándo la filosofía, que es un camino racional y centrado en la capacidad del ser humano para descubrir por sí mismo la verdad, consiste en escuchar a una diosa?

Caminar junto a Parménides y su precioso poema es adentrarnos en una lectura que demanda una determinada actitud y precisa una noción más profunda de aquello que entendemos por pensar. Aclaremos dos cosas antes de la lectura propiamente del poema, nuestra forma de leer y nuestra concepción de pensar.

Estamos acostumbrados a leer cualquier texto con la única implicación de lo mental, es decir, a través de lo racional y dedicando en ello, también mayoritariamente, el menor tiempo posible, el justo, creemos, para su comprensión. Además, en la era de la imagen, la capacidad de retención es escasa, con lo que olvidamos el camino recorrido en la lectura y su globalidad y, también, la capacidad de resonar con las palabras del texto. El texto de Parménides nos va a pedir, tiempo, sosiego y corazón, esto es, capacidad de lectura mitopoética (simbólica) y el tiempo pausado que requiere pasarse por el corazón.

Añadido a la dificultad del modo de lectura contemporánea, la ya obligada traducción y la distancia histórica, hemos de tener en cuenta que el poema de Parménides es un texto iniciático. Es decir, es un texto esotérico y, como tal, nos exige de nuestra parte haber hecho, como el protagonista del poema (no es casualidad), determinado viraje en la mirada. Este viraje no es otro que, siendo redundantes, el trabajo de autoconocimiento. Como modernos, estamos acostumbrados a comprender un texto filosófico dedicando un tiempo a su comprensión intelectual, no obstante, es conocido que los alumnos o aprendices de las diferentes escuelas de la Antigüedad se ejercitaban en un conjunto de disciplinas corporales, anímicas e intelectuales que tenían como finalidad ser preparatorias, esto es, buscaban una purificación por parte del sujeto que las ejecutaba. Puede resultar paradójico que Parménides nos demande una actitud inicial a la que, veremos, justamente nos encamina. No obstante, esta paradoja es característica del hacer filosófico. En la experiencia que busca provocar, que se caracteriza por una búsqueda de la suspensión del juicio, un centramiento en aquello que se mantiene estable o invulnerable o un desvelo de lo aparente, cualquier ascética con la que lo invoca es, en sí misma, esa misma experiencia filosófica. En el filosofar, el propio no hacer es, a la vez, la propia finalidad. El origen es destino, aunque es evidente que a medida que se repite dicho espiral la profundidad del recorrido va acrecentándose.

No es baladí que el texto fuera escrito como poesía. No solo, como muchos comentaristas han señalado, este formato permitía una mayor difusión al poder ser recordado y cantado, sino que su recitación invocaba e invoca a algo más que a la dimensión comprensiva. Lo poético invita a lo emocional, justamente el lugar desde el que quiere su autor que lo escuchemos (en nuestro caso, leerlo) y al que se nos invita a llegar.

¿Qué entendemos por pensar?

Actualmente, básicamente, lo relacionamos con el acto de racionalizar, esto es, efectuar un proceso que se concreta en realizar determinado recorrido mental a través de las dinámicas que marca y condiciona la lógica y que se concreta, a su vez, con la ley de causa-efecto, la noción de no contradicción o la de identidad. A través de este discurrir llegamos a conclusiones, tomamos decisiones, etc.

Junto a esta acepción, podemos entender el acto de pensar como sinónimo de conocer. Pensamos un objeto, meditamos sobre una persona o situación con la finalidad de extraer determinado saber.

Es importante tener en cuenta que entendemos la acción de pensar de esta manera por el recorrido histórico del pensamiento de Occidente y que, entonces, la noción de pensar es un realidad, como cualquier otra dimensión del ser humano, una construcción histórica que nos aleja de la noción de pensar de Parménides. Nuestra noción está cromada por el quiebro entre noesis y dianoia y, a la vez, está estructurada con el pilar que marca la dualidad sujeto objeto, la priorización de la Modernidad por un pensar materialista, lógico y deductivo, etc.

A través de nuestro influjo moderno y de nuestra manera de entender el propio pensar, nos podemos situar delante del texto de Parménides con la voluntad de querer apresar o aprehender el objeto de conocimiento y, a la vez, que este quede enmarcado en nuestra manera de apresarlo (imposibilitando el conocimiento verdadero y condenando al acto de conocer a continuar con la intención de dominar al objeto) quedando también nosotros delimitados por nuestra manera de conocer.

¿Qué es pensar de raíz? ¿Cómo es el pensar de Parménides y la manera que nos invita a acercarnos a él?

> *Pensar es atender lo esencial. En esta atención esencial reside el saber esencial. El saber esencial no se adueña de aquello que hay que saber de él, sino que viene solicitado por él. (…) el prestar atención consiste en retroceder ante el ser.*[2]

Heidegger entiende el pensar como determinado tipo de atención. Me gusta explicar este tipo de saber como un acto hospitalario ante la realidad. En palabras de Simone Weil: en el acto de pensar, nuestra tarea, es en realidad un dejar de hacer y etiquetar, consiste en dejar el espacio libre para recibir lo que ya está y que con nuestro mirar cotidiano, coordinado por un yo y unas directrices cotidianas, no podemos ver.

Entendiendo que la lectura nos demanda experiencia y el pensar poner en suspensión lo que creemos, empecemos a comentar el poema. Dividimos el poema, siguiendo el trabajo de Kingsley, en tres partes. El viaje ante la Diosa, lo que enseña la diosa y la descripción del mundo, previa advertencia de ser esta última parte un engaño por parte de la Diosa.

EL VIAJE ANTE LA DIOSA. UN VIAJE INICIÁTICO. PARMÉNIDES, UN PSICOPOMPO

Prestemos atención a la forma en la que se inicia el poema. De capital importancia son las primeras frases:

Las yeguas, que me llevaron tan lejos como mi ánimo
querría desear, me transportaron; así, conduciéndome,
me pusieron en el célebre camino de la diosa, camino que
conduce hacia el ver que ilumina a través de todas las cosas.

Parménides describe un viaje y, por supuesto, como ya hemos dicho, se trata de un viaje iniciático, una preparación para poder encaminarnos por la vía de la diosa. El motivo de realizarlo no es otro que el deseo. No se trata de un deseo cualquiera, sino que se trata del deseo más íntimo del ser humano, el deseo de saber con el que empieza, a su vez, el recopilatorio de escritos titulados Metafísica de Aristóteles, a saber, todo ser humano desea saber.[3]

Este deseo es el anhelo del que hablábamos al principio, el anzuelo que nos pone en camino y que, escuchado, nos permite encaminarlo con toda nuestra alma. Todo ser humano lo alberga y se nos presenta en infinidad de formas: inquietud, insatisfacción, curiosidad, sensación de que hay algo más, etc. Y, si bien se nos presenta con diferentes formas, son todas ellas una única puerta a través de la que acceder a una dimensión más profunda de la realidad.

El camino por recorrer es la célebre vía que conduce a la Diosa. Es célebre porque ya van siendo unos cuantos los que pregonan su existencia y alientan a realizarla.

A través de esta apertura, Parménides deja resumido en qué consiste un camino iniciático. Es necesario, primeramente, escuchar el anhelo y, seguidamente, encaminarse por un recorrido filosófico que demanda un tiempo y, como veremos, un sacrificio, el de morir simbólicamente, esto es, dejar de ser lo que se cree ser y dejar de creer también en lo que erróneamente se cree.

Por otra parte, el poema está repleto de símbolos. Aunque algunos aparentemente puedan parecer de fácil interpretación son signos que solo pueden ser entendidos por alguien que haya hecho el mismo camino. Queremos destacar algunos de ellos para que nos sirvan como fuente de inspiración.

Allí están las puertas de los caminos de la Noche y del Día, sujetas entre un dintel y un umbral de piedra, altas hasta el éter, cerradas con ingentes hojas, de las que la Justicia fecunda en penas guarda las llaves maestras.

Fijémonos que en el umbral que nuestro protagonista (y también nosotros) debe cruzar, donde se atraviesa el mundo aparente para acceder al verdadero, están las puertas donde la dualidad aparente, Día y Noche, se convierten en la unidad que mora bajo todas las cosas. En este umbral que todo peregrino debe cruzar existe una figura de custodia. Es una guardiana de la puerta que vela para cribar aquellos que han cumplido o no con la ley. Diké, la Justicia. Ella selecciona aquellos que han vivido bajo Derecho y Justicia, esto es, bajo el orden natural de las cosas.

Oh, joven, que en compañía de inmortales conductores y traído por esas yeguas arribas a nuestra morada, salud, pues que no es un destino aciago quien te impulsó a recorrer este camino, que está, en efecto, fuera del trillado por los hombres, sino la ley y la justicia. Mas necesidad es que te informes de todo, tanto del intrépido corazón de la Verdad bien redonda, cuanto de las opiniones de los mortales, en las que no hay una fe verdadera. Pero en todo caso aprenderás también esto, cómo necesitaban haber puesto a prueba cómo es lo aparente, recorriéndolo enteramente todo.

Como decimos, en la puerta está Diké, la diosa de la justicia, que valora la idoneidad de cruzar. La revelación no va a ser posible sin este requerimiento. ¿Quién puede pasar? solo puede pasar aquel que ya no es el que creía ser ni sabe lo que creía saber. No solo aquel que duda, sino aquel que, dudando, ha realizado un proceso de katharsis, de purificación sobre sí mismo. Este proceso se ha presentado en muchas ocasiones como la experiencia de morir antes de morir. Por otra parte, mostrándonos el camino, Parménides nos desvela su rol de psicopompo. No solo lo ha recorrido, sino que lo narra poéticamente para mostrarlo, para enseñarnos y acompañarnos.

Pasado el umbral, Parménides está legitimado para hacerlo, aparece otra diosa, la Diosa.

¿A qué Diosa se refiere? Para algunos autores se trata de Perséfone, la Diosa de la muerte, para otros, es Aletheia, la Verdad, que, como tal, es la manifestación de la deidad por excelencia. En ambas interpretaciones posibles quiero destacar la capacidad de la Diosa por otorgar algo que está más allá del alcance del aparente mundo de los humanos.

De momento, entenderé que la Diosa es Perséfone y el mundo al que accede Parménides es el Hades, el inframundo, donde reside la Verdad. Forma parte de la cosmovisión contemporánea a Parménides que el Hades tuviera la capacidad de otorgar a aquellos que podían acceder a él una sabiduría alejada del paso de los mortales. De ahí que en algunos mitos, Osiris, Hércules, Orfeo, pero también en la historia de Jesucristo, se escenifique el paso por el Hades, por el mundo de los muertos, como el camino previo e iniciático a una adquisición de conocimiento, sabiduría y transformación.

El encuentro con la Diosa es benevolente. Lo es, sin duda, pero no olvidemos que el camino de Parménides no ha sido fácil. Acceder al mundo de los muertos implica, metafóricamente, morir en vida y eso solo puede significar dejar de lado la identidad y toda la cosmovisión que la acompaña. Este encuentro, por el que Parménides ha hecho el viaje, marca el último desvelo, la revelación más profunda. Efectivamente, permitirá que Parménides pueda aprehender cuál es la íntima naturaleza de la realidad que solo la diosa puede ofrecérselo.

¿Cuál es esta revelación? Dejemos que hable la misma Diosa:

> *Es necesario que te instruyas en todo: de una parte, la inconmovible interioridad de la verdad más persuasiva; de otra, las experiencias de los mortales, en las que no hay verdadera confianza.*
>
> *No obstante, en todo caso, te darás cuenta también cómo los hechos de la experiencia son necesariamente valiosos, por cuanto hay lo que atraviesa todas las cosas a través de todas las cosas.*

Vemos que, pasado el umbral, la Diosa va a instruir a Parménides y, de paso, a nosotros. ¿Cómo lo va a hacer? De dos maneras, enseñándonos la esencia (la interioridad) de la verdad y mostrándonos la naturaleza de la experiencia, es decir, del mundo de lo aparente, puesto que también aquí hay algo valioso. También el mundo de la experiencia es atravesado por la verdad. Tendemos que ver cómo.

LA REVELACIÓN: LA PRESENCIA ÍNTIMA. SER Y PENSAR SON LO MISMO

La Diosa continúa diciendo. Se centra, siguiendo el poema, en la primera parte de aquello en lo que tenemos que ser instruidos, la esencia de la Verdad.

> *Pues bien, yo te diré y escucha mi relato y cobíjalo dentro de ti- cuáles son los únicos caminos de investigación que pueden ser pensados: uno, que hay y que no hay no ser, (este) es camino de confianza otro, que no hay y que es necesario que no haya, este -te lo mostraré- es un camino absolutamente inaccesible. (…) Pues lo mismo es a la vez pensar y ser.*

La revelación sobre su naturaleza se nos anuncia escueta: que es y no ser no es posible, por una parte, y, por otra, que ser y pensar son lo mismo.

Antes de profundizar en el significado del núcleo de la revelación, dejemos descartadas las otras dos vías que la Diosa nos invita a abandonar lo antes posible.

La primera es la opuesta de la revelación: el no ser. Esta vía es imposible, tanto de vivirla como de pensarla. La Diosa no pierde el tiempo en explayarse mucho más. De lo que no existe, nada se puede saber ni hacer. De la nada, algo no puede aparecer. Esta vía no merece la atención de la Diosa y nos conmina a abandonarla lo antes posible. Esto quiere decir, a contrapelo, que lo verdaderamente importante es lo que es y, más concretamente, lo que está de fondo en lo que aparece. A lo que quiere la Diosa que nos fijemos es en la existencia por sí misma. Hay existencia en vez de nada. Hay Ser en vez de nada.

La otra vía a descartar, más compleja, más difícil de dejar de lado y en la que la mayoría estamos inmersos, es la mezcla entre ambas, la vía que confunde el ser y el no ser, entendiendo este último no ser por lo aparente. ¿Qué quiere decir? Básicamente, que confundimos lo que aparece con el verdadero Ser, creemos que las apariencias, lo que vemos, es la realidad. En esta vía, errónea, estamos aquellos que, como dice la Diosa, bajo el pecho ocultamos carencias y que, por tanto, todavía no hemos escuchado el profundo anhelo capaz de encaminarnos por la senda verdadera y capaz, también, de satisfacer este abismo que todos sentimos, la insatisfacción permanente. Por el contrario, estas carencias guían nuestra mente y nos ensordecen y ciegan al verdadero camino. De ahí que seamos bicéfalos, como también dice la Diosa, pues no pudiendo desprendernos del ser, jugamos también creyéndonos lo aparente, el no ser. Esta confusión entre el ser y lo aparente es el motivo que hace imprescindible la tarea del autoconocimiento. ¿Sabemos quiénes somos? Pocas veces nos hemos parado el tiempo suficiente ante esta pregunta, por el contrario, vivimos una vida bajo unos parámetros y roles que damos por sentados y, de la misma manera, nos morimos sin poder atisbar aquello que mora bajo esta superficie. ¿Vale la pena vivir bajo una aparente identidad o un aparente creernos alguien? ¿Vale la pena tanto esfuerzo en el trabajo o en el anhelo de perseguir anzuelos que creemos nos salvarán? Ocupamos mucho espacio y multitud de energía en dispersar la atención y en mantenernos alejados de nosotros mismos. De ahí que, para Parménides, la muerte de nuestro ser superficial sea el umbral imprescindible para poder acceder al substrato que mora bajo el fondo de todo. Para encaminarnos por esta senda necesitamos de nuestra experiencia, para no perdernos con las palabras y poder, a la vez, comprobar su propia validez.

Hagamos un breve recorrido experiencial.

Cambio también la forma de comunicarte contigo, lector/a, para hacer más fácil el recorrido.

Detente un momento y pon la atención en ti mismo. Haz el primer movimiento filosófico de atenderte a ti.

No pongas esta atención en los pensamientos o en los razonamientos, sino que, más sencillo, dedícate a percibir o a tomar conciencia. Conviértete en observador.

Es aquí cuando podemos experimentar que, efectivamente, estamos siendo. Puede que sea una percepción de apenas unos instantes, es posible que inmediatamente vuelva a quedar oculta por el propio razonar. No importa, vuelve a hacer el mismo camino.

A través de ello, como ya comentábamos, se hace evidente, aparentemente, una parte que observa y se mantiene estable y otra que parece estar en movimiento, los pensamientos.

Es en este percibir cuando nos acercamos al ser. ¿Nos acercamos o estamos siendo propiamente este ser que, sencillamente, es?

Aquí se cumple la segunda revelación de la Diosa: el pensar, entendido como ser conscientes, y el ser son lo mismo. En este movimiento sencillo de poner la atención sobre nosotros y de hacerlo no con los pensamientos, sino a través de aquello que está por detrás y que lo posibilita, es decir, a través de nuestra capacidad de ser conscientes, de lo que nunca podemos desprendernos, descubrimos y desvelamos nuestra propia naturaleza. No hay contacto más íntimo que esta profunda percepción. La sencillez que la caracteriza es brindada porque justamente ponemos distancia frente a un cúmulo de pensamientos a los que tendemos a priorizar, uno de los cuales, es el creernos ser alguien independiente. Estos pensamientos y su dinámica velan la profundidad de nuestro ser y de nuestra estar. También son ellos los que nos ubican en un mundo polar, dual, por cuanto que el pensamiento tiene esta naturaleza y, si vivimos a través de él, nosotros también lo encarnamos. Parménides nos descubre la Presencia. Pensar, ser conscientes, nos permite colocarnos en el Ser.

Pensar es ser consciente y es en este ser consciente cuando podemos generar una actitud disponible para realizar la acción filosófica: conocer la verdad, dejar que esta se nos aparezca. Sorpresivamente, conocemos la verdad cuando somos conscientes, es decir, experimentamos la unidad del ser que somos.

De ahí que nos demos cuenta que la verdad la teníamos delante de nuestras narices y no nos dábamos cuenta por un desenfoque en nuestra forma de ver.

Varias son las derivadas de esta noción. Con ella, llegamos a encontrar el fundamento de todo pensar, cerciorándonos de que este fundamento nos acompaña todo el tiempo y que no podemos prescindir de él. Para conocer, debemos ser, primeramente, conscientes de aquello que estamos conociendo, algo de lo que nunca nos podemos desprender.

Por otra parte, para ser conscientes, debemos haber diferenciado entre el testigo interno u observador y lo que aparece, para finalmente darnos cuenta de que ni tan siquiera hay observador-observado, sino que todo se convierte en llana conciencia.

Por último, reconocer que cuanta menos implicación haya hacia eso que aparece, más capacidad o facilidad tendremos para poder mantenernos en esa conciencia. Esta tarea de purificación previa del pensar para ser consciente es, propiamente, el autoconocimiento o la metáfora del viaje con la que inicia el texto Parménides.

Si vuelves a poner la atención en este estar, en tu Presencia, volviendo a tomar distancia de lo que piensas, dejarán de ser importantes los calificativos o las etiquetas con las que te identificas de forma cotidiana. Pero si somos más precisos, en realidad, no estamos ganando distancia como observadores, sino más bien diluyendo el apego que tenemos a aquello que pensamos y con lo que nos identificamos.

Intenta ponerle una edad, un nombre o un género a tu Presencia. Verás que no se deja atrapar por ningún calificativo de este tipo. Esta Presencia la experimentamos como un ser-siendo increíblemente pobre de atributos, carente, de hecho y, no obstante, como nos dijo la Diosa, es algo que descubrimos fijándonos en nuestra interioridad y que es inconmovible, de ahí la serenidad que se percibe estando en ella.

PENSAR Y SER SON LO MISMO

Guiados por la Diosa, mantengámonos en la vía en la que propiamente podemos encarnar el ser-siendo. Si ampliamos la capacidad para residir aquí, podemos empezar a desglosar las mismas características y atributos con los que la Diosa la describe.

Empecemos por el más sencillo. De experimentar el ser-siendo podemos decir que se mantiene en continuo, es decir, en un constante presente. Van cambiando las percepciones o los pensamientos, pero el observador no cambia. Más preciso es decir, como dice la Diosa, que es eterno, impasible y carente de límite. En realidad, no tiene un antes y un después.

En este hay muchísimos signos de que lo que es no se ha generado y es imperecedero, pues es de intactos miembros, intrépido y sin fin. Ni nunca fue, ni será, puesto que es, ahora, junto todo, uno, continuo.

Como es eterno, siempre presente, no tiene origen, tampoco podría haber nacido de la nada. No tiene fin, puesto que tampoco puede convertirse en no ser. Es ignoto, el ser y la muerte no puede afectarle.

Por último, quizás lo más difícil de experimentar, aunque fácil de entender, es que sea uno. El Ser no tiene límite, es eterno y sin par. ¿Podría haber una limitación? ¿De qué? El Ser es solo uno y, entonces, ¿dónde queda cada una de las cosas, animales o humanos?

Esta es una pregunta que no formula Parménides a la Diosa y tampoco esta, en los fragmentos que nos han llegado, deja constancia alguna. No obstante, es una pregunta que no solo es legítima e inquietante leída a través de a identidad, sino que es un pregunta necesaria. Si bien no tenemos la respuesta de la Diosa, sí podemos intuirla por algunas indicaciones que ya hemos ido repitiendo y, también, por la experiencia que tenemos del breve camino hacia la toma de conciencia. Primeramente, el propio viaje de Parménides hacia el inframundo es metafóricamente el peaje a pagar por las enseñanzas de la Diosa. No se puede experimentar el Ser sin dejar de poner atención a los pensamientos que, estructurados, articulan la identidad. Esto es, seguidamente, aquello que hemos descubierto con el verdadero pensar: ser conscientes de la propia conciencia es distanciarnos del pensar cotidiano y ahondar en esta experiencia demanda de este trabajo de autoconocimiento que se concreta en este desvelo de lo que aparentamos creer ser. No somos los atributos y, mucho menos, nuestra profesión, pareja o economía. Somos, sencillamente, este ser y lo vivimos a través de la íntima presencia hacia la que el poema nos guía.

Parménides nos ha encaminado por la senda iniciática que implica la preparación para un estar disponible desde el que poder recuperar una presencia íntima, la verdadera presencia o el estar radical en el mundo.

Como psicopompo, nos ha señalado la necesidad de morir y nos acompaña en el recorrido de dejar de lado la senda mayoritaria de los seres humanos para despojarnos de todo aquello que pensamos y creemos, tanto del mundo como de nosotros mismos.

Una vez muertos, una vez despojados de nuestra identidad y de la dinámica dual e incesante de nuestros pensamientos, podemos ubicarnos y encarnar una forma de estar en la que se identifican el ser y el pensar a través de la figura de la conciencia, de ser conscientes.

Estar en la conciencia, ser conscientes implica:

- Trascender la apariencia dual de la realidad
- Re-conocer, en la intimidad de nuestra experiencia, que esta forma de estar es propiamente el núcleo del ser, de la verdad y del pensar.
- Se caracteriza por no tener origen, límites o tiempo.
- Descubrir una unidad en nuestro fuero interno que, como veremos en autores posteriores, es el verdadero hogar del hombre.

EL MUNDO DE LAS APARIENCIAS

De la última parte, en la que la Diosa muestra al filósofo la naturaleza del mundo, advierte esta que a partir de aquí va a ser todo mentira. Sin embargo, tenemos que recordar lo que dijo al principio de la Revelación. Lo aparente está atravesado por todo lo que atraviesa todas las cosas. ¿Qué es aquello que atraviesa todas las cosas? El Ser. En el mundo de lo aparente, todas las apariencias son puertas para acceder a lo que mora bajo ellas, el Ser.

Dejándonos guiar de nuevo por los consejos de la Diosa, lo más importante queda dicho y, por tanto, finalizamos aquí el recorrido con Parménides (gracias por la guía), ya que nuestra finalidad era mostrar el camino iniciático con el que este nos encamina para entender que la presencia y el ser son lo mismo. No obstante, no queremos, para nada, menospreciar los conocimientos que se desprenden en esta segunda parte donde la Diosa muestra el mudo de lo aparente. Por cuestión de espacio y tiempo lo dejamos para otro momento.

HERÁCLITO, EL HIEROFANTE DE FUEGO PURIFICADOR

DE NACHO BAÑERAS

Tras haber escuchado, no a mí, sino a la razón, es sabio convenir
que todo es Uno.

HERÁCLITO, EL FUEGO PURIFICADOR

Heráclito (aprox. 540-480 a. C.) es y ha sido fuente de infinitas inspiraciones. Su obra fragmentada[1] y su decir, ora metafórico ora literal, son un martillazo a nuestra actitud cotidiana, paradójicamente adormecida en multitud de etiquetas y embotada en la rutina.

En estas páginas, vamos a presentar a este filósofo a través de dos elementos con los que queremos mostrar el camino hacia la contemplación que nos permite. El fuego y la escucha.

Heráclito es el pensador del fuego en sus múltiples rostros. Sus frases casi oraculares son la combustión necesaria para hacer arder todo aquello prescindible, él mismo utiliza al fuego para mostrar el calor que produce su energía, la capacidad de absorción que produce su vibrar o la luz como un atributo de la conciencia. Si Nietzsche es el filósofo del martillo, Heráclito lo es del fuego.

El fuego será aquello que permita nuestra purificación y limpieza, la combustión de todo lo que creemos saber y pensamos, desembotando nuestro sentido más profundo para escuchar en nuestro entorno, en nuestra dimensión más ordinaria, aquello que pulsa, aquello que es y está bajo las apariencias, paradójica y simbólicamente, el mismo fuego (volvemos a encontrar aquí que lo que se busca en un recorrido filosófico es lo que ya se invoca en el inicio). Mediante el fuego y su constelación de significaciones, Heráclito nos va a acompañar en la recuperación de una de los requisitos fundamentales en el estar y vivir filosóficos: la escucha.

También el fuego servirá para describir las características del estar filosófico: cálido, cotidiano, consciente, vacío, presente, crítico con lo superfluo.

Sirvámonos de un comentario de Heidegger, a su vez interpretando un comentario de Aristóteles sobre Heráclito, para captar aquello que nos va a demandar.

De Heráclito se cuentan unas palabras que habría dicho a los extraños que habían llegado con la intención de observarlo. Al llegar lo vieron calentándose junto al horno. Allí permanecieron de pie (impresionados sobre todo porque) él los (aún titubeantes) animó a entrar pronunciando las siguientes palabras: "También aquí están presentes los dioses"[2]

De este relato rescatamos varios mensajes.

El principal lo que trasmite a sus visitantes, esto es, también aquí están presentes los dioses (estés donde estés, están presentes los dioses). Esta frase, tan escueta, puede ser finalmente traspuesta, así lo hace Heidegger, por también aquí está presente la Verdad.

Para entender el significado de ambas frases, debemos volver a recordar que son indicaciones para iniciados, para aquellas personas que ya tienen la capacidad de leer entre líneas, acostumbrados también en su día a día a separar lo aparente de lo profundo, lo falso de lo verdadero. Nos señala un sendero y una vía esotérica.

Para entenderla y, principalmente, vivirla y experimentarla, es preciso todo un trabajo filosófico que Heráclito espeta y confronta a sus visitantes. Estos van cargados de expectativas, proyecciones de sus propias carencias. Van a ver un filósofo esperando lo extraordinario, aquello que les libre del yugo de una normalidad que ya no les motiva, que hace tiempo que ha perdido la capacidad para hacerlos sentir vivos. Visitan a un personaje proyectando su potencialidad y, expectantes, se colocan pasivos ante él esperando ser rescatados de su ignorancia y adoctrinados.

Son visitantes, todavía no iniciados, que se acercan a la filosofía con una actitud de búsqueda y embotados por prejuicios. Esta mirada fuera de sí mismos y el hecho de estar cargada de etiquetas es justamente aquello que no les hace ver, que nos les permite tener la actitud de escucha filosófica para superar la barrera y el velo de lo aparente.

Heráclito critica de sus visitantes, y de nosotros mismos, nuestro embotamiento, nuestro pretendido saber, nuestro ilimitado proyectar. Cuán pretencioso, altanero y soberbio es ir a aprender de alguien cuando ya se cree saber algo. En realidad, saturados por este pseudosaber y altanería, recordemos que Sócrates lo nombra como orgullo, el orgullo de creer saber algo, los visitantes solo llegan por el acicate del morbo, el aspecto más bajo de la curiosidad, de poder conocer a un filósofo famoso.

Heráclito, ante esta actitud superficial y alejada de sí misma, se muestra furibundo, implacable, confrontativo. Es, no olvidemos, el filósofo del fuego. Este acicate por lo morboso, motor de los visitantes, deja entrever otra de sus coordenadas, y de las nuestras, esto es, el profundo hastío por sus propias vidas, el abandono de la mirada hacia sí mismos que, carente, hace de su propio hogar un lugar inhóspito (de ahí el acicate para huir). Visitan a Heráclito huyendo de sí mismos, buscando entretenerse con la esperanza de lo extraordinario, con ese anhelo de que algo sobrenatural los zarandee de nuevo y les permita volver a sentirse vivos, les permita recuperar la chispa vital que muy a menudo anhelamos encontrar en nuestro entorno.

Para Heráclito, comenten dos errores. Este zarandeo no es posible porque van saciados de un pseudosaber, pero, más profundamente, no es posible porque van en la dirección opuesta, hacia fuera de sí mismos.

Señalada la actitud impropia, la actitud fuera de sí, es posible empezar a señalar algo, empezar a hacer alguna indagación. Para aquel que visite a Heráclito encarnando la actitud filosófica se dará cuenta de que este está también en dicha actitud, viviendo a través de lo fundamental.

Es por este motivo por el que Heráclito invita a sus visitantes a entrar en su morada con la frase ya dicha: también aquí están presentes los dioses.

Con este señalamiento, con este pequeño desvelo, les indica que, en lo aparentemente inoperante de lo ordinario, en lo anodino de lo cotidiano, adviene o se revela algo fundamental, verdaderamente extraordinario. La verdad de la imagen, Heráclito junto al fuego, se nos revela si escuchamos sin saber.

Escuchar sin saber es lo que requerimos para desentrañar qué nos está diciendo la imagen de Heráclito junto al fuego y pronunciando, a la vez, también aquí están presentes los dioses. Escuchar sin utilizar las etiquetas a través de las que nuestra mente, de forma reiterada, ordena y clasifica la realidad para hacérnosla operativa (para funcionar en ella, como habitualmente decimos) nos vela lo que es extraordinario, es decir, que se esté dando la misma realidad, que esta está aconteciendo.

Lo que verdaderamente vemos es un imagen que etiquetamos de demasiado sencilla. No obstante, para Heráclito, es aquí donde reside la Verdad. Primeramente, Heráclito se está calentando junto al fuego. Está cercano a un elemento que le trasmite calor, pero, a la vez, cercano a todo lo que representa: capacidad de purificación, llama que ilumina y conciencia. Seguidamente, sabe que no debe hacer nada para estar en contacto con la intimidad de la realidad, los dioses, la verdad, siempre está presente. La verdad no es algo que tenga que ser buscado, la verdad ya está aquí mismo y requiere por nuestra parte un cambio de mirada. Somos nosotros, por tanto, quienes debemos cambiar. Heráclito está presente caldeándose junto al fuego.

¿A qué cambio nos empuja Heráclito?

A la sensibilidad de una escucha vacía, una de las definiciones más exactas, a nuestro parecer, de la filosofía, si la entendemos como un camino que ama aprender a conocer. Repetimos, no a conocer, sino aprender a conocer. La filosofía empieza con aprender a escuchar.

Ser sabio es la mayor virtud, y la sabiduría consiste en decir la verdad y obrar según la naturaleza, estando a la escucha. (Heráclito, frag. 112)

Ser sabio es estar a la escucha.

¿Cómo hacerlo? ¿Cómo aprender a escuchar?

Escuchar, como conocer, amar o ver no es algo que se aprende, es algo que ya sabemos hacer, aunque hayamos perdido la manera de hacerlo. Por tanto, para aprender a escuchar, lo que necesitamos es desaprender y, más concretamente, vaciarnos.

¿Cómo, entonces, aprender a vaciarnos?

La filosofía ha señalado, desde sus orígenes, un camino o procedimiento que se muestra siempre universal por más que ha sido expresado de tantas formas como filósofos/as lo han compartido.

Podemos, no obstante, condensarlo en cuatro movimiento o gestos:

- **Parar.** Parece sencillo, no lo es. Parar implica relajarnos a nivel corporal; ralentizar nuestros pensamientos para ubicarnos en una actitud más contemplativa, más disponible hacia lo que nos envuelve. Parar también demanda un espacio de silencio y quietud en nuestro entorno (al menos, al principio), y esto se ha convertido en algo cada vez más costoso. Parar, finalmente, en nuestro contexto capitalista, implica trascender aquellas creencias que nos empujan y atenazan a un continuo movimiento sin descanso, a un no parar sin finalidad alguna más que el de mantenernos alejados de nosotros mismos.

- **Suspender nuestro pensamientos.** Salir de nosotros, de mí mismo. Escuchar demanda, en realidad, un camino de transcedencia respecto a lo que pensamos y, además, como estamos muy identificados con nuestro pensamientos, trascenderlos conlleva este salir de nosotros mismos. Este tampoco es un gesto que se pueda hacer de una forma rápida, sin embargo, dejarnos guiar por el estar propiamente relajados, por lo gustoso de la sencillez en el estar puede ser un camino que nos facilite ir ensanchando nuestro horizonte vital.

- **Respirar.** Quizás sea esta la vía más directa, pues, de una forma resumida, primeramente, nos conecta con lo corporal y su tempo y, seguidamente, nos ofrece un asidero y atalaya desde el que poder estar.

- **Hospitalidad.** La escucha es similar a la hospitalidad. Cuando somos hospitalarios dejamos un espacio libre en nuestro hogar para que otro se pueda sentir a gusto. Dejamos el espacio para ese persona sin marchar de nuestro hogar, manteniendo, por tanto, nuestra presencia. Ser hospitalario es dejar el espacio libre y cálido con nuestra presencia. Estar receptivos es aprender a abrir los poros de nuestra capacidad de percibir.

Señalados los elementos fundamentales de la escucha, es preciso una práctica continua para la profundización y afinamiento de esta capacidad. Seguidamente, la continua práctica no nos convierte, en algún momento, en maestros, si no que la realidad, siempre más rica, nos ofrece en cada momento una oportunidad más para seguir ahondando en esta capacidad. Por último, las dificultades que aparecen en el aprendizaje de la escucha son oportunidades para indagar en nosotros, para hacer una tarea de autoconocimiento, puesto que dichos obstáculos (por ejemplo, cuando creemos escuchar algo y luego nos damos cuenta de que hemos puesto nuestras palabras o nuestras nociones en lo que ha dicho el otro) son un reflejo de nuestra cosmovisión y, mayoritariamente, nos ofrecen un hilo del que estirar para poder continuar vaciándonos de nosotros mismos.

Este escuchar es el camino para poder experimentar en nosotros mismos el acontecimiento que abre, esto es, el estar que aparece a través de esta escucha, la presencia íntima, otra vez, la íntima ligazón entre el ser y el pensar, entre el conócete y el conocerás el Universo.

Finalmente, cabe destacar de una forma relevante, el profundo paralelismo de la tarea de escucha con el propio vivir. Efectivamente, para vivir de una forma radical, podemos encaminarnos por la senda que nos marca esta escucha radical. Ser sabio es, como dice Heráclito, obrar según la naturaleza, estando a la escucha. Digámoslo más escuetamente, nuestra verdadera naturaleza es la escucha. ¿Qué es la escucha? Una receptividad que puede ser puesta en paralelo con la conciencia.

Si entendemos esta íntima ligazón entre escucha y ser humano, podemos presentar algunos fragmentos más de la obra del pensador del fuego.

A todos los hombres les es dado conocerse a sí mismos y ser sabios. (Heráclito, frag. 116)

Los despiertos tiene un mundo único y común, pero de los que duermen cada uno se vuelve hacia su mundo privado. (Heráclito, frag. 89)

Por lo cual hay que seguir a lo que es común; común es lo público; pero, siendo la razón común, la mayoría vive como si tuvieran una inteligencia privada. (Heráclito, frag. 2)

Erudición no enseña inteligencia. (Heráclito, frag. 40)

Heráclito, como vemos, nos invita a conocernos, todos podemos ser sabios si viramos la atención hacia nosotros. A través de este viraje, como pasaba en el poema de Parménides, podemos acceder al mundo de los despiertos, único y común. Recordemos, también, que este cambio en la mirada no puede ser solo teórico, sino que debe ser experiencial.

Finalmente, desde este pequeño viaje interno podemos entender mejor una última frase con la que nos gustaría acabar de presentar a Heráclito. Una frase fascinante.

Ethos anthropos daimon.

Esta frase se ha traducido de diferentes maneras. A nuestro parecer, las diferentes posibilidades permiten ir profundizando en el verdadero significado con el que va cargada dicha proposición.

La primera nos permite traducirla como *el carácter del ser humano es su destino.*

Esta contundente y profunda afirmación se nos vuelve como un *boomerang*. El carácter, nuestra manera de ser, nos marca el destino, es nuestro destino. El carácter puede ser entendido como la actitud que adoptamos frente a la vida y es este el que croma el periplo de nuestro destino. Saberlo, tenerlo en cuenta, es lo que nos puede permitir, si queremos un destino más consciente y responsable realizar la tarea de autoconocimiento, a saber, conocer cómo es ese carácter y actitud y modularlo, ocuparnos de nosotros y de nuestra cosmovisión.

Junto a esta traducción, podemos hacer una modulación, la segunda posibilidad, consistente en traducir *carácter* (*ethos*) por *ética*. La ética del ser humano es su destino y, aunque el sentido de la frase varía, sigue manteniendo un trasfondo similar, ahora enfatizando las repercusiones de un determinado actuar.

En una tercera traducción, podemos servirnos de la múltiple acepción del término *ethos* y traducir este por *morada*. *La morada del hombre es su destino*. Esta traducción facilita poder entender que la actitud que croma el destino no es otra cosa que un hogar, una forma de estar en el mundo. Hay aquí una intuición que es importante destacar, la actitud es siempre una morada, pero no todos los hogares, como no todas las actitudes tienen la misma calidad ni son igualmente hospitalarias. Una actitud que pone la mirada en sí misma se convierte, por el simple hecho de dirigir la mirada hacia sí, en un cálido hogar, puesto que en ella hay la calidez de la presencia consciente. Reubicar la mirada hacia uno mismo, invitación por excelencia de la filosofía, no es solo una adquisición de un saber sobre los automatismos, creencias, etc., que permiten, con el tiempo, una transformación, sino que, principalmente, tiene como repercusión la emergencia del ser consciente que, como tal, ubican al sujeto que lo realiza en un centro que recibe el calor de dicha mirada, generándose así, un topos cuyas cualidades son similares a las que podemos proyectar para un hogar: intimidad, profundidad, calidez y ternura.

Finalmente, en una última posible traducción y enlazando cabos, la frase del inicio puede ser traducida como *la morada del hombre es su divinidad*. A través de ella, seguimos recogiendo el paralelismo de la actitud con la morada, añadiendo el cambio de *daimon* por *divinidad interna*, que desvela, desde otro prisma, el entusiasmo (*en theos*), el estar en dios. La actitud, como morada, no es otra cosa que el poder estar en contacto con el dios interno, reflejo del Logos. El lugar cálido, profundo, tierno e íntimo no es otro que desvelar la dimensión sagrada de la que somos portadores. Recordemos que sagrado es el lugar donde puede manifestarse la realidad y el espacio donde este deviene no es otro que el de la conciencia. Dándonos cuenta de nuestra propia divinidad podemos, a la vez, ser conscientes de la unidad subyacente, trascendiendo o integrando las polaridades y dualidades y encarnando la unidad daimon logos.

NOTAS

CAPÍTULO 1

FRANZ JALICS Y LA REDENCIÓN DE LA CONCIENCIA

1. Este texto fue leído en la presentación del libro de Franz Jalics, *Jesús, maestro de meditación, El acompañamiento espiritual en los Evangelios,* en la madrileña casa de Maldonado de los jesuitas el 15 de abril de 2015.

2. Este artículo apareció en el semanario católico *Vida nueva* en febrero de 2017.

3. Esta entrevista es el resumen elaborado de las conversaciones que tuve el privilegio de mantener en Haus Gries, Kronach, Alemania, con mi maestro Fanz Jalics en diciembre de 2013. Durante los doce días que pasé en aquella casa, a razón de cinco o seis horas de meditación silenciosa y en quietud diarias, el maestro me brindó un trato muy especial: me recibió prácticamente a diario, a veces unos pocos minutos, pero otras casi una hora y hasta más; respondió a todas mis preguntas, tanto sobre su método de oración como sobre su biografía, por la que yo sentía un vivo interés; e iluminó mi propia trayectoria de buscador espiritual.

CAPÍTULO 2

LOS SUEÑOS LÚCIDOS Y LA CONTEMPLACIÓN

1. Garcia Campayo, J. (2022). *Sueños lúcidos. Aprende a desarrollarlos.* Kairós.

2. Castaneda, C. (1993). *El arte de ensoñar.* Ed. Seix Barral.

3. LaBerge, S. *(1985). Lucid dreaming. The power of being awake and aware in your dreams.* Ed. Tarcher.

4. Namkhai Norbu Rimpoché. (2002). *El yoga de los sueños (2.ª ed.).* Ed. Dharma.

5. Padmasambhava. (1998). *Natural liberation: Padmasambhava's teachings on the six bardos (B. A. Wallace translator).* Wisdom Publications.

CAPÍTULO 3

IBN 'ARABĪ, INTÉRPRETE SUFÍ DE LAS REALIDADES DIVINAS

1. Cfr. Miguel Cruz Hernández, *Historia del pensamiento en el mundo islámico (vol. 2)*, Alianza Editorial, Madrid, 1996, p. 590.

2. Cfr. Miguel Asín Palacios (ed.), *Epístola de la santidad: Vida de santones andaluces*, Hiperión, Madrid, 1981 (Primera edición, 1935).

3. Cfr. Pilar Garrido Clemente (ed.), *Obra completa del sufí Ibn Masarra de Córdoba*, Córdoba, Almuzara, 2022

4. Citado en Su'ād Ḥakīm, *Santidad y feminidad en la vida y obra de Ibn 'Arabī*, en Pablo Beneito (ed.), *Mujeres de luz. La mística femenina y lo femenino en la mística*, Trotta, Madrid, 2001, p. 190.

5. Éric Geoffroy, *L'islam será spirituel o une sera plus*, Seuil, París, p. 84.

6. Cfr. Frithjof Schuon, *Sufismo, velo y quintaesencia*, J. J. de Olañeta editor, Palma de Mallorca.

7. El mejor y más completo estudio biográfico de Ibn 'Arabī es el libro de Claude Addas, *Ibn 'Arabī o la búsqueda del azufre rojo*, Editora Regional de Murcia, Murcia, 1996.

8. Citado en Miguel Cruz Hernández, op. cit., p. 603.

9. Sobre su concepción del viaje, véase *Ibn 'Arabī, El esplendor de los frutos del viaje*, Siruela, Madrid, 2008. Traducción de Carlos Varona Narvión.

10. Cfr. Henry Corbin, *Historia de la filosofía islámica*, Trotta, Madrid, 1994, p. 267.

11. Henry Corbin, *La imaginación creadora en el sufismo de Ibn 'Arabī*, Destino, Barcelona, 1993, p. 89.

12. Existe una excelente traducción al castellano del arabista Carlos Varona Narvión: *Ibn 'Arabī, El Intérprete de los Deseos* (Tarǧumān al-ašwāq), Editora Regional de Murcia, Murcia, 2002.

13. Ibídem, p. 19.

14. Ibídem, p. 125.

15. Pablo Beneito, *El lenguaje de las alusiones: amor, compasión y belleza en el sufismo de Ibn 'Arabī*, Editora Regional de Murcia, Murcia, 2005, p. 105

16. Ibídem., p. 105.

17. Ibn 'Arabī, *Guía espiritual. Plegaria de la salvación. Lo imprescindible. Terminología sufí,* Editora Regional de Murcia, Murcia, 1990, p. 122.

CAPÍTULO 4

EL CAMINO DE LA VERDAD SUPREMA, DEL ESTUDIO ESPIRITUAL A LA VIDA ESPIRITUAL, SEGÚN MAESTRO ECKHART

1. Utilizamos en este contexto los términos Divinidad, Dios, Realidad y Verdad como sinónimos.

2. Maestro EKHART, *El fruto de la nada y otros escritos,* Edición y traducción de Amador Vega Esquerra, Siruela, Madrid, 1998, p. 81.

3. Maestro EKHART, *El fruto de la nada y otros escritos,* p. 163.

4. Maestro EKHART, *El fruto de la nada y otros escritos,* p. 148.

5. Sería una arrogancia afirmar la existencia de una entidad personal, finita, temporal, separada y distinta de Dios, que con su supuesta existencia independiente pondría en duda la naturaleza infinita del ser eterno de Dios, negando el ser infinito de Dios, negando la presencia de Dios.

6. Evangelio según Tomás, en Roberto PLA, *El hombre, templo de Dios vivo,* Editorial Sirio, Málaga, 2018.

7. Pese a sus esfuerzos, la Iglesia no consiguió quemar todos los ejemplares existentes del Evangelio según Tomás y otros textos y evangelios cristianos, gracias a comunidades cristianas que conocían el valor supremo de estos documentos. Algunos de ellos, como el Evangelio según Tomás, fueron hallados en Egipto a principios del siglo veinte, en versiones primitivas del siglo I-II y del siglo IV, enterrados en tinajas perfectamente selladas. Tampoco se consiguió destruir la obra de Eckhart, ya que dos de sus discípulos, Tauler y Suso, transmitieron íntegramente su pensamiento en Alemania inmediatamente después de su desaparción; y gracias también a que su obra se conservó parcialmente en manuscritos y copias de las anotaciones de los oyentes de sus discursos.

8. cf. Maestro EKHART, *El fruto de la nada y otros escritos,* p. 118.

9. Por "radical" nos referimos a que va a la raíz. Porque "quién quiera conocer las cosas debe conocerlas en sus causas" porque allí se encuentra su máxima pureza, su verdad. cf. Maestro EKHART, *El fruto de la nada y otros escritos,* p. 72.

10. Maestro EKHART, *El fruto de la nada y otros escritos*, p. 108.

11. Nos referimos a la ignorancia de nuestra verdadera identidad.

12. Maestro ECKHART, *Obras escogidas*, traducción de Violeta García Morales i Herman S. Stein, Edicomunicación, Barcelona, 1998, p. 244.

13. Maestro EKHART, *El fruto de la nada y otros escritos*, p. 45.

14. Maestro EKHART, *Obras alemanas. Tratados y Sermones*, edición y traducción de Ilse M. de Brugger, Edhasa, Barcelona, 1983. p. 69.

15. Maestro EKHART, *El fruto de la nada y otros escritos*, p. 145.

16. Vida espiriutal, vida perfecta, vida santificada, vida no dual. Son sinónimos para Eckhart.

17. O atravesar.

18. Recordemos que en este contexto utilizamos los términos *Dios, Divinidad, Verdad* y *Realidad* como sinónimos.

19. Maestro EKHART, *El fruto de la nada y otros escritos*, p. 152.

20. Aunque Eckhart en algunas ocasiones por motivos de claridad pedagógica distingue entre Dios, como la manifestación de la Divinidad en nuestra experiencia humana, y Divinidad o Deidad, como la esencia de *Dios*, pura, absoluta, sin forma y atemporal; los términos *Dios* y *Divinidad*, así como *Verdad, Realidad, espíritu, consciencia, no dualidad, Fuente* y *Origen*, se usan para indicar una misma realidad, una misma experiencia, desde diferentes perspectivas o ángulos. Utilizo especialmente en este texto los términos *Dios* y *Divinidad* ya que son los que utiliza frecuentemente Eckhart. Pero el lector puede sustituirlos en cualquier momento por los sinónimos propuestos. Por otro lado, tendremos en cuenta la distinción que hace Eckhart entre Dios y Divinidad o Deidad cuando el contexto lo requiera.

21. "En ese atravesar me doy cuenta de que yo y Dios somos uno". Maestro EKHART, *El fruto de la nada y otros escritos*, p. 80.

22. Maestro EKHART, *El fruto de la nada y otros escritos*, p. 55.

23. Maestro EKHART, *El fruto de la nada y otros escritos*, p. 41-42.

24. Maestro ECKHART, *Obras escogidas*, p. 225.

25. cf. Maestro EKHART, *El fruto de la nada y otros escritos*, p. 68.

26. Maestro ECKHART, *Obras escogidas*, p. 216-217.

27. cf. Maestro EKHART, *El fruto de la nada y otros escritos*, p. 38.

28. Maestro EKHART, *El fruto de la nada y otros escritos*, p. 91.

29. cf. Maestro EKHART, *El fruto de la nada y otros escritos*, p. 70.

30. Maestro EKHART, *El fruto de la nada y otros escritos*, p. 92.

31. Maestro EKHART, *Obras alemanas. Tratados y Sermones*, p. 257.

32. Maestro EKHART, *El fruto de la nada y otros escritos*, p. 37.

33. Maestro EKHART, *Obras alemanas. Tratados y Sermones*, p. 100.

34. La preferencia de Eckhart fue siempre evitar cualquier referencia a la entidad personal en su enseñanza para no reforzar la creencia erronea de ser la persona humana. En ciertas ocasiones, para reforzar la importancia de su mensaje y reflejar su propio proceso espiritual, Eckhart habla en primera persona en su prédica, pero no lo hace nunca refiriéndose a él como entidad personal sino como al yo puro original que somos. Como hemos indicado anteriormente su sabiduría no proviene de la especulación sino de su propia experiencia espiritual.

35. cf. Maestro EKHART, *Obras alemanas. Tratados y Sermones*, p. 127.

36. Aunque lo vemos catalogado frecuentemente como un tratado, se trata de un sermón. cf. Maestro EKHART, *Obras alemanas. Tratados y Sermones*, p. 15.

37. Maestro EKHART, *El fruto de la nada y otros escritos*, p. 115.

38. Maestro ECKHART, *Obras escogidas*, p. 249.

39. El espíritu es nuestra verdadera naturaleza. Así, el hombre noble o hombre espiritual es el que llega a descubrir su ser verdadero, en el proceso de unidad con Dios.

40. Maestro ECKHART, *Obras escogidas, p.* 181.

41. Maestro EKHART, *El fruto de la nada y otros escritos, p.* 118.

42. También llamada vida espiritual, vida santificada o vida no dual.

43. Maestro EKHART, *Obras alemanas. Tratados y Sermones*, p. 66.

44. Maestro EKHART, *El fruto de la nada y otros escritos*, p. 85.

45. Maestro ECKHART, *Obras escogidas*, p. 188.

46. Maestro ECKHART, *Obras escogidas*, p. 261.

47. cf. Maestro EKHART, *Obras alemanas. Tratados y Sermones*, p. 69.

48. cf. Maestro EKHART, *Obras alemanas. Tratados y Sermones*, p. 54.

49. Maestro ECKHART, *Obras escogidas*, p. 178.

50. Maestro EKHART, *El fruto de la nada y otros escritos*, p. 143.

51. Maestro EKHART, *Obras alemanas. Tratados y Sermones*, p. 69.

52. Recordemos que usamos el término *Dios* como sinónimo de Verdad, Realidad, Divinidad, consciencia, espíritu, nuestra verdadera naturaleza, nuestro ser verdadero.

53. Maestro EKHART, *El fruto de la nada y otros escritos*, p. 69.

54. Maestro EKHART, *Obras alemanas. Tratados y Sermones*, p. 69.

55. No nos referimos a aceptar acciones o conductas injustas o crueles, en absoluto. Nuestra fidelidad a la verdad no nos lo permitiría. Nos referimos a acoger en una plena apertura, sin ninguna resistencia y sin ningún apego, las reacciones que cualquier acción o situación activen en mi sistema cuerpo-mente.

56. La presencia divina en nosotros, consciencia, es lo que Eckhart llama *chispa, fondo del alma, luz.*

57. Verdaderos buscadores espirituales.

58. Maestro ECKHART, *Obras escogidas*, p. 181.

59. Maestro ECKHART, *Obras escogidas*, p. 261.

60. Maestro ECKHART, *Obras escogidas*, p. 104.

61. Maestro EKHART, *El fruto de la nada y otros escritos*, p. 57.

62. cf. Maestro EKHART, *El fruto de la nada y otros escritos*, p. 117.

63. cf. Maestro ECKHART, *Obras escogidas*, p. 42.

64. cf. Evangelio según Tomás, Logion 1, 2 y 3, en Roberto PLA, *El hombre, templo de Dios vivo*, p. 51, 55 y 63.

65. cf. Maestro EKHART, *El fruto de la nada y otros escritos*, p. 77, 79, 80.

66. La mente, en nuestra experiencia directa, es el pensamiento actual. Dentro de la categoría de los pensamientos incluyo recuerdos, imágenes, ideas, creencias, opiniones, juicios, etc.

67. Maestro EKHART, *El fruto de la nada y otros escritos*, p. 57.

68. cf. Alois Maria HAAS, Maestro Eckhart. *Figura normativa para la vida espiritual*, Herder, Barcelona, 2002, p. 60.

69. cf. Maestro EKHART, *El fruto de la nada y otros escritos*, p. 115-116.

70. Maestro ECKHART, *Obras escogidas*, p. 189.

71. El hecho de Reinar hace referencia a estar por encima de la experiencia humana y libre de la esclavitud que provoca la creencia de ser la entidad personal, finita y temporal. Sabiendo que lo que somos en realidad es infinito y eterno.

72. Maestro EKHART, *El fruto de la nada y otros escritos*, p. 50.

73. Dios o Verdad.

74. Maestro ECKHART, *Obras escogidas*, p. 216-217.

75. Maestro EKHART, *El fruto de la nada y otros escritos*, p. 165.

76. Atravesar, traspasar, penetrar.

77. cf. Maestro EKHART, *El fruto de la nada y otros escritos*, p. 80.

78. Maestro EKHART, *El fruto de la nada y otros escritos*, p. 71.

79. Maestro EKHART, *El fruto de la nada y otros escritos*, p. 75.

80. Maestro EKHART, *El fruto de la nada y otros escritos*, p. 125.

81. Ser separado o ser desasido, o ser desapegado. Indica el proceso de desasimiento o desapego. El mayor ser desasido es Dios. cf. Maestro EKHART, *El fruto de la nada y otros escritos*, p. 136.

82. Maestro EKHART, *El fruto de la nada y otros escritos*, p. 128.

83. Maestro EKHART, *El fruto de la nada y otros escritos*, p. 134.

84. cf. Maestro ECKHART, *Obras escogidas*, p. 247.

85. Maestro EKHART, *Obras alemanas. Tratados y Sermones*, p. 93.

86. Maestro EKHART, *El fruto de la nada y otros escritos*, p. 152.

87. *Desapego* o *desasimiento* o *ser separado*. Son los términos usados como sinónimos en las distintas traducciones de Eckhart al español.

88. "*Sí mismo*" aquí se refiere al hombre exterior o entidad personal que creemos ser.

89. Maestro ECKHART, *Obras escogidas*, p. 249.

90. Maestro EKHART, *El fruto de la nada y otros escritos*, p. 119.

91. Maestro EKHART, *El fruto de la nada y otros escritos*, p. 119.

92. Maestro EKHART, *El fruto de la nada y otros escritos*, p. 119.

93. El mayor ser desasido es Dios.

94. Maestro EKHART, *El fruto de la nada y otros escritos*, p. 124.

95. Maestro EKHART, *El fruto de la nada y otros escritos*, p. 64.

96. Evangelio de Tomás, Logion 27, en Roberto PLA, El hombre, templo de Dios vivo, p. 207.

97. Maestro ECKHART, *Obras escogidas*, p. 181.

98. Maestro ECKHART, *Obras escogidas*, p. 80.

99. Maestro EKHART, *El fruto de la nada y otros escritos*, p. 92.

100. En la contemplación verdadera o no dual no se trata de contemplar un objeto, por sutil que este pueda ser (como la respiración), siendo esto un simple ejercicio mental. Se trata de la contemplación de lo que somos, espacio infinito de consciencia. Contemplación de la consciencia, como consciencia. Contemplación de Dios, en Dios, como Dios. En la meditación o contemplación verdadera no hay nada más que Dios. Cualquier otra cosa, el meditador, la respiración, el mantra, la oración, nos impedirán sentir a Dios, nuestra naturaleza verdadera; y nos mantendrán en la ignorancia y en el engaño.

101. Entendemos por "objeto" cualquier contenido objetivable que aparece en nosotros, es decir, cualquier pensamiento, idea, concepto, imagen, recuerdo, inspiración, creencia, emoción, sentimiento, sensación, percepción (imagen, sonido, textura, gusto, olor), acción o relación. Todo este contenido es lo que llamamos la experiencia humana.

102. Maestro EKHART, *El fruto de la nada y otros escritos*, p. 133.

103. La imagen de Dios es la presencia divina en nosotros. Es decir, la consciencia. Aquello que es consciente de nuestra experiencia. A la que Eckhart se refiere con múltiples términos y expresiones como *chispa, chispa del alma, centella, boca del alma, cabeza del alma, gotita, rama, sindéresis, luz, luz simple, fondo del alma*. Fondo que una vez desnudado del contenido de la experiencia humana deviene el fondo de Dios. Consciencia de atención, sentida en nuestra experiencia humana cuando nos orientamos hacia el interior, que disociada del contenido que aparece en ella, se revela idéntica a la consciencia pura, absoluta, la Divinidad.

104. Maestro EKHART, *El fruto de la nada y otros escritos*, p. 119.

105. Maestro EKHART, *El fruto de la nada y otros escritos*, p. 129.

106. El Dios increado es la esencia de Dios, el Dios verdadero, sin forma, atemporal, Divinidad o Deidad. El Dios creado es el Dios personal. Dios que aparece con la creación, pensado por las criaturas.

107. Maestro EKHART, *El fruto de la nada y otros escritos*, p. 38.

108. Vaciamiento, desasimiento, desapego.

109. Maestro EKHART, *El fruto de la nada y otros escritos*, p. 79.

110. Aquí, "*yo*" no se refiere a la persona sino a la consciencia o ser eterno que soy.

111. Maestro EKHART, *El fruto de la nada y otros escritos*, p. 80.

112. Como ya hemos indicado, *Reino, Dios, Verdad, Divinidad, Realidad, Espíritu, Consciencia, no dualidad*, son diferentes nombres para indicar una sola y misma realidad, nuestra naturaleza verdadera, esencial y eterna.

113. Maestro EKHART, *El fruto de la nada y otros escritos*, p. 79.

114. Maestro EKHART, *El fruto de la nada y otros escritos*, p. 75.

115. Maestro EKHART, *El fruto de la nada y otros escritos*, p. 75.

116. Eckhart se refiere aquí a que en el Origen, antes de la creación, no hay ni Dios ni criatura, solo unidad. A esa unidad también la llama Divinidad. Siendo la Divinidad la esencia de Dios, del Dios creado, pero también de todas las criaturas. Utiliza aquí el término "Dios" en el sentido de Dios creado o manifestado en nuestra experiencia humana, la imagen o concepto de Dios, en contraposición a la esencia de Dios, el Dios increado, Dios libre de toda imagen, que es lo que llama Divinidad, Deidad o Unidad.

117. Vacío o libre.

118. Maestro EKHART, *El fruto de la nada y otros escritos*, p. 76-77.

119. Maestro EKHART, *El fruto de la nada y otros escritos*, p. 77.

120. Maestro EKHART, *El fruto de la nada y otros escritos*, p. 77.

121. Maestro EKHART, *El fruto de la nada y otros escritos*, p. 49.

122. Maestro EKHART, *El fruto de la nada y otros escritos*, p. 80-81.

123. Separado en el sentido de *desasido*.

124. Maestro EKHART, *El fruto de la nada y otros escritos*, p. 128.

125. Maestro EKHART, *El fruto de la nada y otros escritos*, p. 165.

126. Este es el grado superior en el proceso de la comprensión, indicado al principio de este texto.

127. Maestro EKHART, *El fruto de la nada y otros escritos*, p. 58.

128. Maestro EKHART, *El fruto de la nada y otros escritos*, p. 147.

129. Poseer la verdad sin mediación es ser la Verdad.

130. Maestro EKHART, *El fruto de la nada y otros escritos*, p. 50.

131. Maestro EKHART, *El fruto de la nada y otros escritos*, p. 70.

132. Maestro ECKHART, *Obras escogidas*, p. 112.

133. Maestro EKHART, *El fruto de la nada y otros escritos*, p. 64.

134. Vida espiritual, vida perfecta, vida santificada, vida verdadera, vida nueva, vida eterna, vida no dual.

135. Maestro EKHART, *El fruto de la nada y otros escritos*, p. 128.

136. Vida contemplativa o camino espiritual.

137. Maestro EKHART, *El fruto de la nada y otros escritos*, p. 154.

138. Maestro ECKHART, *Obras escogidas*, p. 97-98.

139. "*Nada*" en el sentido de que no hay objetos. Una nada que es vacío de contenido objetivable pero plenitud de ser. Dice Eckhart: "la nada es Dios. En Dios no hay nada sino Dios".

140. cf. Maestro EKHART, *El fruto de la nada y otros escritos*, p. 91.

141. Maestro ECKHART, *Obras escogidas*, p. 101.

142. cf. Evangelio según Tomás, Logion 50, en Roberto PLA, El hombre, templo de Dios vivo, 341.

143. Es decir, libre del yo personal.

144. Maestro EKHART, *El fruto de la nada y otros escritos*, p. 106.

145. El amor es la disolución de la sensación de separación entre sujeto y objeto.

146. En el sentido de no identificado con las cosas, es decir, con la experiencia humana.

147. En el sentido de que el dos, hasta que no se convierta en uno, está por debajo del círculo de la eternidad o Divinidad.

148. Ver a Dios sin mediación es ser uno con Dios. Esta es la comprensión más alta, ser uno con aquello conocido. Como nos dicen los maestros, solo podremos conocer la realidad si nos hacemos uno

con ella. Aquel que es dos no ha llegado a este nivel de comprensión.

149. Maestro EKHART, *El fruto de la nada y otros escritos*, p. 106.

150. Separación o desasimiento.

151. Aquí, el "*sí mismo*" hace referencia al yo personal. Liberado del yo personal.

152. Maestro EKHART, *El fruto de la nada y otros escritos*, p. 146-147.

153. Maestro EKHART, *Obras alemanas. Tratados y Sermones*, p. 68.

154. Maestro EKHART, *El fruto de la nada y otros escritos*, p. 108.

CAPÍTULO 5

DIOS ME LIBRE DE GENTE TAN ESPIRITUAL

1. ARMSTRONG, K. (2022). *Naturaleza sagrada: Cómo podemos recuperar nuestro vínculo con el mundo natural*. Ed. Crítica.

2. AUCLAIR, M. (2014). *La vida de santa Teresa de Jesús*. Arcaduz.

3. ETCHEGOYEN, G. (1923). *L'amour divin: essai sur les sources de Sainte Thérèse. Feret & Fils éditeurs*. Recuperado de: En https://bibliotecadigital.jcyl.es/bdter/en/consulta/registro.do?control=CYL20120027619

4. GRÜN, A. (1992). *La mitad de la vida como tarea espiritual*. Narcea Ediciones.

5. HERRERO, M. (2018). *Cómo santa Teresa me acompañó al sufismo*. Fragmenta.

6. Serie de artículos Teresa de Ávila. Apuntes sobre una escritora viva. El índice de los 24 artículos se puede consultar aquí:

   https://cvc.cervantes.es/el_rinconete/busqueda/resultadosbusqueda.asp?-Ver=50&Pagina=1&Titulo=Teresa%20de%20%C1vila.%20Apuntes%20sobre%20una%20escritora%20viva&OrdenResultados=2

7. LEÓN, F. L. de. (1991). *De la vida, muerte, virtudes y milagros de la Santa Madre Teresa de Jesús*. Libro primero, edición y estudio al cuidado de María Jesús Mancho y Juan Miguel Prieto. Universidad de Salamanca. Recuperado de: https://eusal.es/index.php/eusal/catalog/download/978-84-9012-527-4/5571/6294-1?inline=1

8. LÓPEZ BARALT, L. (1999). Traducción de *moradas de los corazones de Ahmad b. Muhammad Al-Nuri*. Ed. Trotta.

9. PÉREZ, J. (2015). *Teresa de Ávila y la España de su tiempo*. Algaba Ediciones.

10. RIBERA, F. de. (1908). *Vida de santa Teresa de Jesús*, Gustavo Gili editor. Recuperado de https://bibliotecadigital.jcyl.es/es/consulta/registro.do?id=18698

11. SANCHO FERMÍN, F. J. (2014). *Orar con santa Teresa de Jesús*. Desclée de Brouwer.

12. Álvarez, T. (2014). *Santa Teresa: Obras completas*. Ed. Monte Carmelo

13. Álvarez, T. (2012). Las cartas de Santa Teresa. Ed. Monte Carmelo

14. Tarnas. R. (2021). *Cosmos y Psique*. Atalanta.

CAPÍTULO 6

WILLIAM BLAKE Y LA IMAGEN DE LOS MUNDOS ETERNOS

Fig. 1. "Retrato de William Blake", óleo sobre lienzo, Thomas Phillips, 1807.

Fig. 2. "El círculo de los lujuriosos: Paolo y Francesca". Gravado de William Blake, c. 1926.

Fig. 3. "La tentación y la caída de Eva". Ilustración de William Blake para El Paraíso Perdido, de John Milton, 1904-1810.

Fig. 4. "Isaac Newton". Impresión en color con tinta a pluma y acuarela, realizada por William Blake en 1795.

Fig. 5. "Escalera de Jacob". Lápiz, tinta y acuarela. Obra realizada por William Blake en 1805.

1. CHESTERTON, *Gilbert Keith, William Blake*, Sevilla: Ediciones Espuela de Plata, 2017, p. 44.

2. RAINE, Kathleen, *Ocho ensayos sobre William Blake*, Girona: Atalanta, 2013. Esta es, a mi juicio, la mayor contribución que se ha realizado sobre la obra de nuestro poeta. Por todo lo aprendido tras su lectura, esta colección de ensayos es el sustrato de buena parte de lo que contiene el presente capítulo.

3. Para conocer el influjo de la obra de Blake en el arte posterior, especialmente en clave espiritual y filosófica, consultar: PICÓN, Daniela, *Visiones de William Blake*. Itinerarios de su recepción en los siglos XIX y XX, Barcelona: Calambur, 2017.

4. Citado en CAZAMIAN, M. L., *William Blake*, Madrid: Ediciones Júcar, 1983, p. 20.

5. RAINE, op. cit., p. 14.

6. Para conocer más sobre lo que comparten ambos poetas ingleses, resulta muy interesante SAURAT, Denys, *Blake and Milton*, Londres: Franklin Classics, 2018.

7. BÖHME, Jakob, *Confesiones*, Barcelona: Ediciones Abraxas, 2001, p. 12.

8. PALEY, Morton D. *A New Heaven is Begun: William Blake and swedenborgianism, Blake*. An Illustrated Quarterly, vol. 13, n.° 2, otoño de 1979.

9. CORBIN, Henry, *Avicena y el relato visionario*, Barcelona: Editorial Paidós, 1995.

10. Hoy en día sabemos que Isaac Newton estudió con honestidad la alquimia y practicó experimentos cuya descripción no superaría jamás los criterios científicos de nuestros días. Su libro *Clavis* explica, por ejemplo, cómo obtener el mercurio filosófico. Sabemos, además, que la obra *La puerta abierta al palacio del rey* (1669), escrita por el misterioso Ireneo Filaleteo, fue durante más de veinte años la lectura de cabecera de Newton. Su copia, que está llena de interesantes anotaciones del científico inglés en cada página, puede consultarse en la British Library. Cf. HARPUR, Patrick, *El fuego secreto de los filósofos*, Girona: Atalanta, 2016, pp. 238-239.

11. Citado en RAINE, op. cit., p. 40.

CAPÍTULO 7

PARMÉNIDES Y LA PRESENCIA ÍNTIMA DEL SER

1. Parménides escribe un poema que nos ha llegado fragmentado. Me voy a servir de tres traductores / comentadores de su obra. La edición del Poema de *Parménides* de Joaquín Llansó ed. Akal y los libros de HEIDEGGER, *Parménides*. Ed. Akal y KINGSLEY, *En los oscuros lugares del saber*. Ed, Atalanta.

2. HEIDEGGER, *Parménides*. Ed. Akal, p. 8.

3. ARISTÓTELES, *Metafísica*. Ed. Gredos.

CAPÍTULO 8

HERÁCLITO, EL HIEROFANTE DE FUEGO PURIFICADOR

1. Para Heráclito me voy a servir del libro *Heráclito: fragmentos e interpretaciones* de VV.AA. ed. Árdora y HEIDEGGER, *Heráclito*, ed. El hilo de Ariadna.

2. HEIDEGGER, *Heráclito*, ed. El hilo de Ariadna